广东省教育科学规划课题"粤港澳大湾区职业院校产学研合作的发展动因与创新路径研究：知识生产新模式视角"（2019GXJK136）研究成果

知识生产模式变革与高校产学研合作创新

王爱文 著

中山大学出版社
·广州·

知识生产模式变革与高校产学研合作创新

版权所有　翻印必究

图书在版编目（CIP）数据

知识生产模式变革与高校产学研合作创新/王爱文著.—广州：中山大学出版社，2023.2
ISBN 978-7-306-07723-3

Ⅰ.①知… Ⅱ.①王… Ⅲ.①知识生产—关系—高等学校—产学研一体化—研究—中国 Ⅳ.①F062.3 ②G640

中国国家版本馆 CIP 数据核字（2023）第 026188 号

出版人：	王天琪
策划编辑：	熊锡源
责任编辑：	熊锡源
封面设计：	曾　婷
责任校对：	郑雪漫
责任技编：	何雅涛
出版发行：	中山大学出版社
电　　话：	编辑部 020 - 84111946，84113349，84111997，84110779
	发行部 020 - 84111998，84111981，84111160
地　　址：	广州市新港西路 135 号
邮　　编：	510275　传　真：020 - 84036565
网　　址：	http：//www.zsup.com.cn　E-mail：zdcbs@mail.sysu.edu.cn
印　刷　者：	广东虎彩云印刷有限公司
规　　格：	890mm×1240mm　1/32　8.25 印张　200 千字
版次印次：	2023 年 2 月第 1 版　2023 年 2 月第 1 次印刷
定　　价：	40.00 元

如发现本书因印装质量影响阅读，请与出版社发行部联系调换

序 Preface

  像物质生产一样,知识生产的内容包括由谁生产、生产什么、怎样生产,以及生产的环境、报酬机制与管理机制等要素。知识生产模式,是知识生产活动的语境、性质、主体、机构规范等组成的集合体。随着工业革命和知识经济的来临,经济、社会、科学等领域得到了迅速的发展,人们的知识量越来越大,知识的生产模式也发生了极大的变化。在今天,以"知识生产模式 2"为代表的新型的知识生产方式,已经完全颠覆了传统的科学知识生产模式,它已经不像过去的"知识生产模式 1"那样,需要在大学或研究机构中经过论述证明然后才再进入到生产领域中。在新的社会背景下,知识的生产方式在不断发生改变以适应新的社会发展,例如,科学技术的成果在社会中随着生产的应用而不断完善,很多理论更是以市场作为检验。

  以知识生产为基础的产学研合作不仅是一种社会活动,更是推动经济发展的创业活动。产学研合作既是创建区域创新体系,也是实现高等教育内涵式发展等的内在需求。高校有效地组织社会创新资源,推动整合优质资源、建设产学研深度融合的科技创新合作路径,对提高科学技术的创新能力、科技发展水平以及助推实现科技创新具有积极意义。产学研合作的美好前景虽然已得到广泛的认同,然而经历了近年的发展,目前合作绩效仍不尽如人意,知识转移的效率、大学适应经济发展的程度均不高,以及高校产学研合作对产业创新的激励作用不大、效率不高,产学研尚需进一步深度融合,创新效率还有待提升。目前,提高产学研合作的效率既是走向高质量发展的挑战,也是众多学者关注和研究的一个重大议题。

高校产学研合作活动与其所处的社会环境构成了一个有机的生态系统,知识生产模式的变革是导致产学研合作模式生态演替的重要动因。基于对文献的综合分析,影响产学研知识生产交互发展的社会语境可以从五个方面予以描述。

一、知识经济社会的要求

20世纪80年代,随着信息技术的发展,人类社会开始由工业社会向知识社会转型。到了90年代,以知识为主的经济形式——知识经济出现,因此,社会经济更加依赖于知识,它是一种不同于传统农业、工业经济的新型经济形式。知识经济的出现,使得知识创造创新的需要成为社会和经济发展的核心驱动力,知识的生产和应用成为紧密联系的有机体。大学作为集合教学、科研和社会服务功能的高层次人才、高科技和高科技创新的平台,在知识经济时代具有举足轻重的地位和作用。大学在这一过程中所扮演的角色也随之发生了变化,从封闭的"象牙塔"逐渐转变成为积极参与经济社会发展的"服务站",它对推动科技创新、促进区域经济发展、提升国家综合竞争力起着越来越重要的作用。

二、受"学术资本主义"思潮的影响

在市场经济的作用下,教育已成为一种服务的产品,私

有化和民营化给传统的高等教育体制带来了巨大的冲击。在传统的教育观念里,"商业文化"会削弱高校的自主性,对高校的学术造成严重的危害。而事实也表明,高校只要不丧失守望社会的职能,不异化为盲目追求利润最大化的组织,其发展就能够符合市场的规律。在高等教育中引入市场机制后,大学的学者们纷纷将自己的研究成果投入到企业经营中,从而推动科研事业的发展,同时也获取了商业利润。高校正变得越来越像企业,通过营利的途径进行各种各样的科研活动。在此基础上,学术界产生了一种"学术资本主义"。"学术资本主义"这一术语表明,知识是"资本",而大学里掌握了知识的老师则是"资本家"。学术资本主义重视知识的价值,认为大学的教学和科研不能完全被学术价值所左右,要坚持问题导向,积极地接受外部社会经济和市场信息的审视。学术资本主义使得高校将知识和技术的应用密切联系起来,使高校从技术应用"局外人"的角色变成了活跃的参与者。学术资本主义已经成为一股吸引高校进入创业型大学的内在动力。

三、"三螺旋"关系理论的促进

"三螺旋"关系学说是20世纪90年代雷德斯多夫和埃茨科威兹提出的关于地区经济发展的大学、企业和政府三者之间相互作用的学说(Leydesdorff and Etzkowitz, 1998)。"三螺旋"的本质是大学、企业、政府的相互交织,各方各具优势,但又保持各自的角色和特殊地位。大学、企业和政府三者都是主体,它们以经济发展的需求为纽带联系起来,通过结构安排、制度设计等多种机制,三者相互作用、相互影响,形成了一种呈螺旋上升的"三螺旋"结构。其目标是共享资源、共享信息，以最大限度地发挥作用。在"三螺旋"结构中，高校是主体，一方面要主动与政府、企业进行交流与合作，另一方面要增强自身的教学与研究能力，保证高校在发展过程中可以得到政府政策的鼓励、资源的支持和"知识产品"的支持；政府在宏观调控中发挥着重要的作用；企业起到联结和纽带的作用。大学、企业和政府共同完成大学科研成果及其应用，培养技术转移创新能力，创建区域创新体系。

四、跨学科研究的兴起

随着社会生产力迅猛发展和科技进步，人类面临的诸如生态环境、生命健康等问题愈加复杂，这些问题非单一学科能解决，往往需要多个学科协同发力。20世纪20年代兴起的跨学科研究可以被视为人类社会发展中最富有成效和最鼓舞人心的成就之一，它不仅为科学知识产生开辟了一条崭新的道路，而且还为现代科学技术的发展提供了一种新的途径。跨学科研究在促进科学研究的重大突破、知识创新以及重大社会问题的解决等方面具有十分重要的推动作用。跨学科融合是科学发展的内在需要，也是世界经济、社会发展的必然要求。因此，跨学科的研究问题已不再仅仅是由科学家根据自己的兴趣自发地进行的研究活动，而是将自身的学科发展放在应对与人类利益相关的迫切的挑战的最前端，推动构建人类命运共同体，更多地涉及科学管理和科学决策等方面所关注的重要问题。并且，大学积极在外部社会关切与内在知识生产需求中，整合不同研究领域的理论、方法、概念与数据，以获得更加深入和综合的问题解决方案，创造新的商业产品，产生新的社会价值。

五、新的知识生产模式的出现

全球化和网络技术的出现,给社会环境带来了新的变化,也催生了新的知识生产模式。新模式突破了学科与组织的界限,对传统的大学知识生产中心地位提出了挑战。吉本斯(Gibbons,1994)等人把目前的知识生产方式归结为"新的知识生产模式"(也就是"模式 2"),并把以前的知识生产模式称为"模式 1"。吉本斯等人总结出的"模式 1",与默顿(Merton,1938)的范式相一致:知识生产在单一学科的认知语境中展开,以学术利益为主导,以学术规范为基础,以同质性和等级制为主要特点。但是,随着经济全球化的发展,科技发展和科研工作受到了极大的影响,"模式 1"已不能满足社会变革对知识生产的新需求。吉本斯和其他学者认为,知识生产赖以存在的社会情境变化促使新的知识生产模式出现,这种新的知识生产模式也就是"模式 2"。该模式不仅影响生产什么知识,还影响知识如何生产、知识探索所置身的情境、知识组织的方式、知识的奖励体制、知识的质量监控机制等。

在新知识生产模式的深刻变革下,高校、企业与科研机构的耦合互动突破了知识生产与应用的线性分工模式,克服了大学与产业关联的局限性,不仅使大学的科研成果及时有效地市场化,而且使知识生产的观念和体制实现了不同程度的超越。产学研合作的本质归根到底是整合知识资源进行知识生产活动。如何整合各组织的知识资源,协调和管理跨边界组织所衍生出的新问题?产学研合作以知识生产为基础,也是知识生产的一种表现形式。新知识生产模式的产学合作关系更有利于新知识的生产与应用,认识和研究产学研合作的深层"知识"动因,将产学研合作活动置于知识生产的大领域中进行考察,探讨知识生产模式转型与高校产学研合作创新之间的关系和影响,将有利于从本质上抓住产学研合作发展的脉搏,更有效地服务于科技创新与产业升级过程;同时,掌握产学研合作的发展方向,可以为我国高校产学研合作的创新提供理论依据和实践参考,从而促进产学研合作的健康发展。

  知识生产的变革和某些新特点的不断涌现,对产学研合作模式产生了多角度的影响,包括研究范式、组织机构、质量控制等方面,分析知识生产模式转型对产学研合作的影响有利于抓住知识生产领域的最新发展趋势,优化和调整产学研合作模式的选择和发展。本研究主要围绕知识生产模式转变的典型理论,阐释知识生产模式与产学研合作关系的演变过程,并对知识生产视角下我国产学研合作存在的问题及成因进行分析。本研究运用知识交互原理、知识社会学理论和学术资本主义等相关理论知识,借鉴发达国家产学研合作发展模态,对知识生产模式变革中我国高校产学研合作创新提出建议与对策,最后进一步分析我国产学研合作知识生产的成功案例。

目录

第一章　导论 …… 1
第一节　研究背景与意义 …… 1
第二节　国内外研究综述 …… 6
第三节　相关概念的界定 …… 17
第四节　研究的主要内容 …… 28
本章小结 …… 33

第二章　知识生产模式的演进与特征 …… 35
第一节　知识生产模式的演进 …… 35
第二节　知识生产模式变革的社会语境 …… 48
第三节　科学知识生产的新特征 …… 51
本章小结 …… 55

第三章　知识生产模式与产学研合作 …… 57
第一节　知识是产学研合作的核心 …… 57
第二节　基于知识生产的产学研合作相关理论 …… 61
第三节　知识生产模式视角的产学研合作动因 …… 67

第四节　知识生产模式变革下产学研合作的表现形式 ………………………………………………… 69

本章小结 ……………………………………………… 74

第四章　知识生产模式变革的我国高校产学研合作分析 ………………………………………… 77

第一节　我国高校产学研合作的产生与发展 ……… 77
第二节　我国高校产学研合作的主要模式和特点 … 87
第三节　我国高校产学研合作存在的主要问题 …… 94
本章小结 ……………………………………………… 99

第五章　产学研合作创新的理论依据 ……………… 101

第一节　知识的异质性 …………………………… 101
第二节　知识交互原理 …………………………… 105
第三节　知识社会学理论 ………………………… 108
第四节　协同论与协同创新 ……………………… 112
第五节　学术资本主义 …………………………… 115
本章小结 …………………………………………… 118

第六章　发达国家产学研合作的启示 ……………… 121

第一节　美国的产学研合作 ……………………… 121
第二节　英国的产学研合作 ……………………… 129
第三节　德国的产学研合作 ……………………… 137
第四节　日本的产学研合作 ……………………… 142
第五节　发达国家产学研合作的特点与启示 …… 150
本章小结 …………………………………………… 155

第七章 知识生产模式变革下我国高校产学研合作创新 ……158

第一节 知识生产应用情境中的产学研合作创新 …… 158
第二节 知识产出的"跨学科组织" …………… 163
第三节 产学研合作机构的嬗变 ……………… 168
第四节 产学研合作的质量控制和社会问责 …… 172
第五节 产学研合作政策的保障机制 ………… 178
第六节 创业型大学的衍生 …………………… 181
本章小结 …………………………………………… 188

第八章 我国产学研合作知识生产的成功案例分析 …… 191

第一节 政产学研用共同体——哈工大机器人集团 …………………………………… 192
第二节 "产学研"一体化平台——南方测绘集团 …………………………………… 201
第三节 行业特色性高校协同创新中心——苏州纳米科技协同创新中心 ………………… 208
第四节 产学研合作成功案例的启示 ………… 215
本章小结 …………………………………………… 218

第九章 结语 …………………………………… 221

参考文献 ……………………………………… 224

第一章 导论

第一节 研究背景与意义

一、选题背景

（一）社会发展环境的变迁

20世纪80年代，信息科学技术不断涌现，社会开始由工业社会向知识社会转型。到了90年代，以知识为主的经济形式——知识经济出现，它是区别于农业经济和工业经济的一种新的经济形态，其主要的资源配置要素为人才、知识等智力资源，并通过这些智力资源去开发丰富的且尚未被开发的自然资源。知识经济的产生，使得知识创新产生的需求成为社会经济发展的核心驱动力，知识的生产和应用成为紧密联系的有机体。伴随着知识经济的快速发展，全球范围内的科技创新系统已经逐渐形成了一个重要的战略中心。20世纪20年代兴起的跨学科研究可以被视为人类社会发展中最富有成效和最鼓舞人心的成就之一，它不仅为科学知识产生开辟了一条崭新的道路，而且还为现代科学技术的发展提供了一种新的途径。21世纪，全球化和网络技术的出现，给社会环境带来了新的变化，也催生了新的知识生产模式。新模式突破了学科与组织的界限，对传统的大学知识生产中心地位提出了挑战。

大学作为集合教学、科研和社会服务功能的高层次人才、高科技、高科技创新的平台，在知识经济时代具有举足轻重的地位和作用。大学在这一过程中所扮演的角色也随之发生了变化，从封闭的"象牙塔"逐渐转变成为积极参与经济社会发展的"服务站"，它对推动科技创新、促进区域经济发展、提升国家综合竞争力起着越来越重要的作用。

（二）国家创新与经济发展的内在需求

"创新能力"与"吸收能力"是促进我国创新系统发展的重要因素。大学作为集教学、科研、社会服务功能于一体的培养高级人才的基地和智力资源的聚集地，为高新技术创新提供了平台，在知识经济时代中拥有重要影响力和地位。"创新能力"与"吸收能力"是高校与企业合作得以产生和发展的主要动力。自1970年以来，各工业化国家一直致力于把大学和产业创新紧密地联系在一起。各国通过制定政策、法规和科技计划等措施，使高校创新能力得以充分利用；企业和科研院所发挥知识聚集的作用，在人才培养、知识生产和技术研发、自主创新等方面展开产学研合作活动。相应地，我国也在不断采取行动，《国家中长期教育改革和发展规划纲要（2010—2020年）》《国家"十二五"科学和技术发展规划》《关于深化科技体制改革加快国家创新体系建设的意见》等国家重大科研计划都提出了加强高校科研与科研合作的举措。基于知识生产的产学研结合，不仅是一种社会行为，更是推动经济发展的创新创业活动。产学研合作是创建国际一流区域创新体系、推动区域政产学研协同创新、实现高等教育内涵式发展等的内在需求。以知识生产为基础的产学研合作既是一种社会活动，也是推动经济发展的创业活动。高校有效地组织社会创新资源，推动整合优质资源、建设产学研深度融合的科技创新合作路径，对提高科学技术的创新能力、科技发展水平以及助推实现科技创新具有积极意义。产学研合作的美好前景虽然已得到广泛的认同，然而经过了近年的发展，目前合作绩效仍不尽如人意，知识转移的效率和大学适合经济发展的程度以及高校产学研合作对产业创新的激励作用不大、效率不高，产学研尚需进一步深度融合，创新效率还有待提升。目前，提高产学研合作的效率、探索合作推进路径，既是我国社会走向高质量发展的挑战，也是众多学者关注和研究的一个重大议题。

（三）知识生产模式与产学研合作的关系纽带

知识生产的变革和某些新特点的不断涌现，对产学研合作模式产生了多角度的影响，包括研究范式、组织机构、质量控制等方面。分析知识生产模式转型对产学研合作模式的影响有利于抓住知识生产领域的最新发展趋势，优化和调整产学研合作模式的选择和发展，从而促进产学研合作的健康发展。随着产学研合作的深入发展，产学研知识生产的交互关系始终是产学研合作过程中的核心问题，而知识生产模式的异质性（如组织制度的异质性以及学术价值和商业价值的冲突等）与融合性（如知识创造目的的融合性和创新能力的互补性等）又是这一核心问题的关键所在。认识知识生产模式的重要性，把握当代知识生产主流模式的特征，促进其顺应时代变迁而变革，对推进科学研究、促进知识创新和建设创新型国家等都具有重要价值。

目前，我们正在经历从工业社会向知识经济社会的转型。历经多年的发展，工业化的弊端越来越明显，它再也无法满足人类社会的发展需要。工业化对于环境的破坏给我们带来了严重的后果。在知识经济时代，知识的创造与增长是经济发展的主要推动力，成为经济发展的一个重要因素。知识生产模式的转变，不仅是科学本身的发展，也是科技、经济和社会、文化发展的时代趋势所决定的。不仅是知识推动了历史的发展，历史进程也影响着知识生产模式的变化。不同历史时期的知识生产模式都影响科学研究的发展，并且对于处在这一时期的研究理念、目的、组织形式和评价方式等都具有重要的影响。产学研合作的本质归根到底是整合知识资源进行知识生产活动。如何整合各组织的知识资源，协调和管理跨边界组织所衍生出的新问题？在新知识生产模式的深刻变革下，高校、企业与科研机构的耦合互动突破了知识生产与应用的线性分工模式，克服了大学与产业关联的局限性，不仅使大学科研成果及时有效地市场化，而且在观念和体制上实现不同程度的超越。新知识生产模式的产学合作关系更有利于新知识的生产与应用，认识和研究产学研合作的深层"知识"动因，将产学研合作活动置于知识生产的大领域中进行考察，探讨知识生产模式变革与高校产学研合作创新的关系和影响，将有利于从本质上抓住产学研合作发展的脉搏，更有效地服务于科技创新与产业升级过程；同时，掌握产学研合作的发展方向，为我国高校产学研合作的创新提供理论依据和实践参考，从而促进产学研合作的健康发展。

二、选题意义

(一) 理论意义

高校产学研合作活动与其所处的社会环境构成了一个有机的生态系统,知识生产模式的变革是导致产学研合作模式生态演替的重要动因。产学研合作以知识生产为基础,同时也是知识生产的一种表现形式。知识生产模式的变革和一些新特征的凸显对产学研合作产生了多方面的影响,主要涉及研究范式、组织机构、质量控制等方面。分析知识生产模式变革对产学研合作的影响有利于抓住知识生产领域的最新发展趋势,优化和调整产学研合作模式的选择,从而促进产学研合作的健康发展。

本研究基于知识生产模式变革的相关理论,对产学研合作发展与存在的问题进行分析,并运用知识的异质性、协同论以及学术资本主义等理论为建构产学研合作创新提供新的视角,为深化和丰富产学研合作理论进一步扩展知识生产理论的内容和空间。

(二) 实践意义

目前,我国正处于转型和调整的关键阶段。为了适应当前的国际、国内发展环境,增强我国的综合实力和国际竞争力,国家制定了以科技为主导的创新驱动发展战略。"产学研结合"是我国科技体制改革的重要组成部分。将科研、技术、产业、资本等因素相结合,可以使企业的知识向生产力转化,从而推动我国的经济发展与社会的转变。因此,20世纪90年代以来,各国制定了相关政策、法规和科技计划,以充分利用高校研究成果；企业和科研院所发挥知识聚集的作用，在人才培养、知识生产和技术研发、自主创新等方面开展产学研合作活动。国内外数十年的实践也充分证明，产学研结合是推动我国经济发展与转型的一种有效方式。因此，研究产学研合作，对促进国家经济社会发展具有重要意义。

以知识生产为基础的产学研合作既是一种社会活动，也是推动经济发展的创业活动。高等院校通过有效地整合优质资源、组织社会创新资源，开拓产学研深度融合的科技创新合作路径，对提高科学技术的创新能力、科技发展水平以及助推实现区域科技创新与发展具有积极意义。

第二节　国内外研究综述

一、关于知识生产的相关研究

（一）国外学者对知识生产的研究

国外学者对知识生产问题研究较早，从多个视角对科学知识生产进行了全面的研究，有的学者从操作层面展开研究，例如关注知识生产主体、分析知识生产过程中的要素以及知识生产的基础设施和管理工具等，也有学者从哲学、历史学和科学社会学等视角展开探索。马克思（1932）早期曾讨论过知识生产，他指出，知识生产是由一般的生产法则所控制，包括法律、道德、科学和艺术，是一种特定的创造知识的方法。20世纪30年代，社会学开始对知识生产进行阐释和剖析，将其看作一种社会行为与社会现象，由此产生了以默顿为首的科学主义社会派和曼海姆主义思潮。1938年,默顿在其著作《十七世纪英格兰的科学、技术与社会》中指出:"现代科学既是一种特殊的演化的学问,又是一种具有特殊的标准架构的社会系统。"而曼海姆(1926)的名著《意识形态和乌托邦》,更是深入剖析了"知识的社会根源"。20世纪90年代,正值第三次科技革命的高潮,技术创新成为研究先导,以企业为主体的知识扩散被广泛关注。史蒂夫·富勒(1988)从社会认识论的观点出发,认为在科学知识的探究过程中,社会的力量逐步取代个体权力,通过对知识的有效组织来规范知识的生产。21世纪是知识经济时代,知识是创新的源泉。有的学者认为,知识生产主体是一个学科存在和发展的主要动力,承担着学科产生、研究、创新等多个环节的任务。弗里茨·马克卢普(2007)认为由于知识生产性质和层次的不同,知识的生产者也可以是知识的传递者、分析者、加工者、解释者或是原创者和改革者。通过对异质性社会群体的参与,个体在经历不同性质的经验习得和意识成长的过程同时,其关于世界的理解和知识也在不断地丰富。随着知识生产的发展,知识生产也开始显现出新的特征,以科学探索和技术发明为任务的专门知识生产者和生产机构开始出现并发展壮大,相关的研究也出现了"视角整合"的特征,STS(Science,Technology & Society)的研究趋势越来越明显,很多研究都将知识生产整合到国家创新体系之中。雷德斯多夫和埃茨科维兹所提出的"三重螺旋"模式(Leydesdorff and Etzkowitz,1998),用有关创新的螺旋模型,通过描述知识资本化各个阶段的不同关联进行了详尽的描述。

(二) 国内学者关于知识生产的研究

从字面上理解，知识生产即知识的生产。1996年，世界经济合作与发展组织将知识生产定义为开发和提供新知识。2000年又给出新的定义，即知识生产指个人、团队或组织成功地生产新知识和开展实践。随着时代的发展，我国学者对"知识生产"的研究也日渐增多，相关的研究主要包含两方面：一是知识生产和高等教育的发展，二是关于知识生产和科学组织发展的探讨。赵万里和李军纪（1999）对科劳恩提出的科学建构模式作出评述，借用科学自组织理论以新眼光接纳潜在有力的新联盟。曾刚（1999）和袁莉莉（2002）率先探讨了技术扩散与区域经济发展的关系，发现了区域技术扩散速度的分布规律。顾新、郭耀煌和李久平（2003）关注了知识管理、知识链、知识网络、知识流动等内容，探讨了社会资本在知识链中的作用。于海（2004）从结构性的视角，揭示了个体与个体、个体与群体、群体与群体之间互动的性质，指出在互动基础之上知识生成与增长的可能。王开明（2005）认为知识的生产是一种充满风险的探索性活动，知识产品具有不同于物质产品的特性，他人的盗用具有隐蔽性，研究机构只能依靠一定的政治法律制度，才能获得从事知识生产活动的经济回报，保证知识生产的效率。李正风（2007）批判地审视了默顿的科学奖赏理论，认为现代科技知识生产的激励机制与动力体系具有多样性。吕卫文（2008）指出，知识生产从本质上是一种典型的群体的社会认知过程。傅翠晓（2009）等人认为，知识生产是社会生产的重要组成部分，已成为社会生产的主导因素。张国昌（2012）等人通过考察知识生产主体的变化，认为知识生产过程大体经历了个体化、体制化与社会化三个阶段。个体化阶段知识生产的主体是个人，体制化阶段知识生产的主体是组织，而社会化阶段知识生产的主体呈现出网络状的特点。这三个阶段的演变过程是知识生产逐渐从封闭走向开放的过程。张婕（2013）认为，高校的知识生产发生了巨大的变革，呈现出全球化、多样化、大众化和工业界的参与等特点；高校在面对诸多挑战时，应遵循学科自身演化与学科外在适应性两条道路。伍醒（2015）认为，"知识转化"的包容性发展方式对高校基层组织的改革产生了一定的影响，它经历了点状式、树状式、矩阵式组织的发展演变，其组织形式和功能不断丰富，组织结构也由封闭的分立走向开放。朱冰莹（2017）认为，除了传统高校以外，"学术公司"将是一种新的发展方向；高校与政府、企业、公民社会等主体共同组成创新系统的新型知识生产模式。李立国（2021）从知识生产的视角认为，无论是学科内部的知识生产方式、跨学科的知识生产还是超越学科的知识生产，大学和学术仍然是大学治理的核心主体，大学必须维持合理的治理边界；同时，政府、社会、市场应该与高校形成一种有效的协作机制与工作环境，才能真正促进高校的知识创新。

二、关于知识生产模式变革理论的相关研究

（一）国外学者关于知识生产模式变革理论的相关研究

外国学者对知识生产进行了较为深入的探讨，并取得了不少成果。作为科研合作研究的先驱，普赖斯（1963）最早以合作率和合作度为计量指标来分析科研合作的广度和深度，指出科研合作关系正在逐步增多这一现状。普赖斯在他

的著作《小科学,大科学》中,将大科学的观念引入到当代社会之中。他提出,在社会生产的各个领域,科学发展的学科基础更为宽广,就像一个庞大而又复杂的工程,需要各学科的科学家结成一个学术共同体;在此过程中,学科间的交叉互补,对社会需要的拉动较之小科学存在着明显的差别(参见刘文洋,1987)。普赖斯所提出的大科学的概念及其含义对于当代科学的长期性、复杂性和学科交叉性具有重要的指导作用。后常规科学的概念是由福特沃兹和拉维茨(1995)在《后常规科学的兴起》中提出的,他们主张一种新的研究方法,即不盲目追求与价值无关的知识,也不追求伦理上的中立,而是将这种方法运用到一个新的领域。"后常规科学"突破了牛顿的传统思维模式,将科学置于社会之中,将社会、语境、确定性、不确定性等因素纳入到科学发展的研究之中,在某种程度上改变了科学的局限性,扩大了科学的内涵和外延,也加深了人们对科学知识生产方式的理解。在20世纪科学运动的变革中,英国著名的科学家、科学哲学家约翰·齐曼提出了"后学院"的概念。齐曼探索了默顿规范的科学伦理,以"地图之喻"作为其科学方法,形成其后学院科学思想。他还认为,新的科学知识生产方式是从实践场景中产生,并通过市场机制将学校科学扩展到工业领域(赵鑫,2010)。雷德斯多夫与埃茨科威兹于1998年发表《三螺旋》,对政府、高校、企业三者在知识社会中的角色进行了较为系统的阐述。他们认为,知识是现代社会的基础,要想实现知识创新,就必须促进高校、政府、企业三者的有机结合。三者的良好协作可以大幅度提高各主体的创新能力与发展水平,并有可能催生出新的功能和新的形态组织。"三螺旋"模式的出现,使知识生产力得到了进一步明确,为政府、高校、企业界建立了一种新型的技术创新关系和创新模式。吉本斯(Gibbons)等人在《知识生产的新模式:当代社会科学与研究的动力学》(2011)中提出知识生产模式正在逐渐从"模式1"向"模式2"转变,"模式2"认为基础研究与应用发展研究之间的界限是模糊的,着重强调知识生产的应用语境,并随着信息技术和教育大众化的迅猛发展,知识生产、传递和沟通变得更加便捷和开放。

(二)国内学者关于知识生产模式变革理论的相关研究

我国对于知识生产模型的研究相对于国外起步较晚,因此也缺乏关于知识生产模式的原创理论,有关这方面的研究较为有限。我国学者对知识生产模式的研究主要在借鉴西方学者提出的相关知识生产模式理论的基础上进行,在引入知识生产相关理论的同时,也对其进行了相应的研究。樊春良(1997)从科学社会学的视角,对科学知识产生的动力进行了研究,比较了学科与超学科的特点,指出学科生产模式的变化动力是科学与社会其他部分的相互作用。胡志坚、周寄中、熊伟(2003)基于发现、发明、创新和学习活动等知识生产过程的这四个要素,概括出一种知识生产的模式并对几种知识生产模式进行比较。李正风(2005)在其博士学位论文《科学知识生产方式及其演变》中较为系统地分析了科学知识生产方式的要素结构及其演变过程。李晓强、张平、邹晓东(2007)认为,随着以纳米(Nanotechnology)、生物(Biotechnology)、信息(Information Technology)、认知(Cognitive Science)四大科技为核心的"NBIC会聚技术"的崛起与众多非传统知识生产模式的涌现,学科交叉与融合已成为知识生产的新趋势；主张打破学科界限、开展通力合作、整合全球资源，以应对21世纪科技发展的新浪潮。蒋逸民（2009）从知识生产方式的变迁入手，对新模式的特点进行了剖析，并对当前高校学科组织的变化与挑战进行了探讨，对我国高校教学改革提出了新的思考。陈劲、周杨（2012）比较了两种研究模式的特点，提出了构建新的知识生产模式的建议，如优化科技资源投入、创新科学研究的评估机制等。李志峰、高慧、张忠家（2014）从知识生产方式的变迁出发，提出了以国家与社会需要为导向的多元知识生产模式，包括跨领域的合作研究。张凯（2015）提出通过搭建知识纵向流转的空间平台、打造知识横向融合的学科熔炉、构建生态型和智慧型校园环境来实现空间资源的优化配置，满足新型知识生产的需要。蒋文昭、王新（2018）认为，要适应新的知识生产方式转变，建立与新的知识生产模式相适应的科学研究支持体系，必须改革和重构科学文化支持体系、高校管理制度支持体系、平台支持体系。全守杰、高鑫（2021）认为，高校的发展，既须实现其自身发展的战略目标，又要实现其社会和科研的双重目标；开放机构的界限，建立多种不同的专业机构；重建企业的策略计划执行情况，将企业的内部和外在的绩效考核有机地整合起来。

三、关于产学研合作创新的相关研究

（一）国外学者关于产学研合作创新的相关研究

国外把产学研合作称为"公共科研与工业研发的协作"。公共科研包括了大学和政府管理的科研单位的科研（Cohen et al.，2002）、"学产官三重螺旋"（Leydesdorff and Etzkowitz，

2000)、"产业—大学合作"(Michael et al., 2002)等。国外的产学研合作研究涉及主题众多,Nelson(2004)对产学研合作六个方面进行了较为系统的总结:产学研合作的组织架构、科研院所和科研工作者的利益取向、产学研合作的目标和任务、产学研合作的机制、产学研合作的效果和产学研合作的相关政策。Hemlin(2006)认为,产学研合作有正式和非正式的区别,正式的合作是建立在签署相关的法律文件和协议的基础上,非正式的合作主要依靠咨询、承诺和口头磋商,两者在技术转让和转让方面表现出各自的特征,而且可以相互补充,只有这样,产学研合作才能达到预期的目的。Baba(2009)认为,根据合作主体的参与程度,产学研合作可以分为合作交流、合作研发、组建实体等。Gulbrandsen(2011)采用实证研究的方式,通过研究中小企业产学研合作,对高校和企业的产学研合作模式进行了分析,并根据案例,提出了产学研合作的对策。Arora(2018)提出在适当的协作活动中要引入适当的学术伙伴,并对其进行适当的协同工作。

(二)国内学者关于产学研合作创新的相关研究

国内关于产学研合作的研究起步于20世纪90年代,有关的术语有产学研合作、产学研结合、产学研联合、官产学研联合、官产学研金联合等。"产"是指提供产品和服务的行业;"学"是指学校,主要是大学或学院,提供知识和技术;"研"是指科研单位或研究所,提供知识和技术。目前,国内外学者对高校产学研合作的类型、特点和不足等问题进行了较为系统的探讨。通过对国内外文献进行梳理,可以发现中小企业发展需要知识联盟是现实的需求。一些学者从产学研结合的实际出发,对实际案例进行了深入的剖析。陈劲等(2009)以浙江大学与网新集团为研究对象,结合高校产学研结合的特点,构建了"知识聚集与质量转化"的新型"产学研结合"模式。张彩虹和李国杰(2010)在研究了日本高校的产学研合作模式后,总结出了日本高校、科研院所的模式:科技城模式、共同研究模式、委托研究模式。产学研合作在不断探索和实践中也暴露出一些问题,许多学者开始关注产学研合作模式的创新。谢园园、梅姝娥、仲伟俊(2011)认为,我国高校产学研合作创新模式选择的主要因素有行业类型、创新程度、规模等;产学研合作的模式体现了产学研的紧密程度、管理方式、收益分配和风险的分担。产学研合作模式存在着多种类型,在科研过程中,应根据不同的研究目标将其归类。冯叶成、刘嘉、张虎(2012)以清华大学的产学研合作为例,提出了以产学研合作为基础,以专项资金为保证的"产学研合作"新模式。李舒平(2017)通过合肥10所大学的案例,从政府、企业之间的互动关系和创新驱动方式等方面进行了量化的探讨。于长宏(2019)认为,在技术基础和技术更新能力不断增强的情况下,采用紧密协作的方式来取代分散式的协作方式,可以有效地提高企业的创新绩效。所以,加强紧密合作模式,促进产学研深度融合,有利于企业的创新发展。郭洪飞(2020)从创新体系、发展突破口、发展模式、发展新途径等几个角度阐述了广东省深化军民融合发展的努力方向,并提出了建设创新服务平台、研发共享平台、粤港澳大湾区智慧经营平台等具体措施。

　　国内学者对产学研结合的实践进行了大量的研究与分析,为我国的产学研合作创新提出了一些有价值的意见和建议。目前，高校与科研院所的合作周期已呈现出长期化的特点，其合作水平逐步向战略级发展，跨境合作的趋势也越来越明显；如何将各机构的知识资源进行有效的整合，并对其进行有效的协调与管理，是当前学术界面临的一个重要课题。

四、知识生产视角下产学研合作的相关研究

（一）国外学者关于知识生产视角下产学研合作的研究

知识管理、知识转移、知识生产等方面的理论已经成为国内外学术界开展产学研合作的重要理论依据。国内外学者普遍认为，产学研合作成败的关键在于产学研各方的创新能力以及知识的流通和传播。根据 Long（2002）的观点，产学研合作的核心在于对知识进行科学的管理，其实质是知识的转让。Gaidi（2005）指出，产学研合作伙伴之间的知识连续性是影响产学研合作成果的关键因素，若其知识基础具有连续性，则其创新效率高于非连续性；此外，还对新技术的获取进行了论证。Belderbos（2016）认为，在产学研合作中，知识的补充与分享是一个重要的环节，包括设备、技术和服务；在此基础上，提出了产学研合作伙伴共享的先决条件。

（二）国内学者关于知识生产视角下产学研合作的研究

随着产学研合作的不断深化，国内学者开始从知识生产的角度来探讨产学研合作。申学武（2001）提出了产学研合作的钻石模式，认为产学研合作应该以人才培养为中心，逐

渐实现产学研联合的最优化。作为产学研合作三方，政府、企业和高校应该相互协调，相互配合。王娟茹、潘杰义（2005）从教育的角度出发，将产学研合作模式划分为技术协作模式与一体化模式，并对高校产学研合作教育的运行机制进行了分析。唐玮（2007）从知识联盟的视角来研究大学和企业知识转移的过程及政府在知识转移过程中的作用。周军杰、李新功、李超（2009）认为，合作创新是企业获得隐性知识的一种重要途径，已有的研究很少涉及不同合作创新模式下隐性知识的组织间转移。他们从企业的角度对上述问题进行了研究，对比了不同合作创新模式下隐性知识组织间转移的影响因素和途径，认为产学研合作和水平型合作中隐性知识的转移较强且途径比较丰富，但后者受到竞争关系的负向影响。吴思静、赵顺龙（2010）根据知识逻辑的观点，将产学研合作模式划分为知识转移型、知识分享型、知识创造型三种类型，并对其在不同模式下的转化效果和知识流通机制进行了探讨。高宏伟（2011）基于创新过程的视角，探讨了创新过程演进与利益分配影响因素的变化。魏奇锋、顾新（2013）将产学研协同创新过程界定为产学研各创新主体之间的知识流动过程，将该过程分为知识共享、知识创造与知识优势形成三个阶段，并建立了产学研协同创新的知识流动 SCA（knowledge sharing 知识共享、knowledge creation 知识创造、knowledge advantage 知识优势）理论模型。该研究通过分析产学研协同创新中知识流动的特性和知识流动过程中的相关因素，探索产学研协同创新的过程本质。周宁（2016）通过对产学研合作模式演进进行研究，建立了"产学研合作"中的"知识转移"与"企业创新能力"的理论模型，试图从"知识转移"的角度，为产学研合作中的企业创新能力提供一个"黑箱"。唐华、王本灵（2019）以"知识创新"为切入点，结合大学开放的发展和协同育人的机制，总结了大学知识创新高度开放、多主体参与、异质协作的本质内涵，并结合当前高校知识创新在协同育人这一目标所设定的标准下存在的主要问题及其归因分析，有针对性地提出了高校知识创新的途径。宋高旭（2020）从"创新生态"角度出发，提出了推进"产学研"深度融合的对策，主要包括：建立产学研深度融合的创新生态环境、深化产学研深度融合制度、健全科技中介服务制度、建立以创新为导向的金融支撑体系、注重提高科技创新能力。

目前，我国学者在知识生产的视野下开展的产学研合作研究多集中在知识转移、知识管理和知识共享等领域，尚未彻底厘清知识生产与产学研合作的关系，以及知识生产模式变革对产学研合作的影响，而且在知识生产层次上也很少探索。因此，本研究将以知识生产模式转变的理论为基础，对产学研合作的创新进行系统的探讨。

第三节 相关概念的界定

一、知识

《韦伯词典》中，"知识"是通过实践、研究、联系或调查而得到的对事实和状况的了解，是对科学、艺术或技术的了解，是对真理和法则的总结。"知""识"的表述，在中国古代文献中很常见，如《论语》便有"知之为知之，不知为不知，是知也"等说法。朱熹把"识"和"知"结合起来。他在阐释《大学》一书中所讲的"欲正其心者，先诚其意；欲诚其意者，先致其知。致知在格物"的思想时，说："知犹识也。推极吾之知识，欲其所知无不尽也。"（朱熹《四书章句集注》）由此可见，中国古代的知识并非一个词，它是"知"与"识"两个词。《现代汉语词典》将"知识"界定为人类在"改造"过程中所得到的认知与体验。《大辞海·哲学卷》认为，"知识"是人的智慧的结果，或者说，是对"知识"的理解。从反映的范围来看，可以划分为自然科学知识与社会科学知识两大类。哲学是对这两种知识的归纳。根据所反映的客体深度，可以将其划分为生活常识与科学知识；根据反映层面的系统化程度，可将其划分为经验知识与理论知识。经验知识是最基本的知识形式，而理论知识则是更高层次的知识形式。根据特定的来源，知识可以分为直接知识和间接知识，但总的来说，人类所有的知识能力都是通过社会实践而产生的，是对现实的一种反映。社会实践是所有知识的基石，也是对知识的检验。知识的发展是一个社会发展的过程，从哲学、经济学和管理学的观点出发，可以从多个学科的角度阐释知识的含义。

（一）从哲学角度看

关于认识的思想最初来源于哲学的思考。罗素（1963）把世界的存在分为三大范畴：科学、哲学和神学。知识的本质是一种认知的范畴，人的知识是从实践中获得的，而知识的内涵也会随着科学技术的发展、社会的发展而不断地加深和充实。从哲学的观点来看，知识是人在社会实践中所获得和累积的物质和精神的结果，是人们认识客观世界、改造客观世界的方法、技巧和原则的集合。

（二）从经济角度看

随着知识经济的发展，知识作为一种生产要素，它的生产和使用具有很大的特殊性。知识是企业最具战略意义的资源；知识往往是一个共同的产物，而不同的机构在知识上的优势也各不相同。在知识的经济性质上，知识既是公共的，也是私有的。一般来说，大学的知识是公共的，企业的知识是私有的，高校的知识与企业的知识是相辅相成的。托夫勒（1980）认为："知识作为资本和工业的最终资源，在信息技术的发展中起着至关重要的作用。"一方面，从知识的生产角度看，知识的特殊性体现在同一单位中，知识的分享没有任何代价；另一方面，从知识利用的角度看，在一定情况下，知识的使用成本比知识的再生产成本要高，而知识资源具有极强的可再生性和增值性。正是因为这些特点，知识成为经济增长的内生变量，可以使经济发展模式发生根本性的改变。

（三）从管理角度看

本研究将知识视为公司最具战略意义的资源。知识是一种经过系统化、结构化的数据和信息，知识与信息的根本不同在于知识的构成要素，知识包含了信息、内隐知识和技术技能。另外，知识对于工业经营活动具有十分重要的影响，它体现在企业的知识能够提高企业的附加值和企业的持续竞争力。所以，我们也能认识到，管理活动的中心任务是创造和运用知识。知识的定义、属性和生产过程，是高校与企业合作路径、创新模式与机制的重要出发点（张学文，2010）。

二、知识生产

任何一个社会性的生产方式,都有赖于某种特殊的知识情境。这种知识,并不是在某个天才的头脑里,也不是在专门的保险箱里,而是在不同的个人和不同的团体里。因此,在社会的形成过程中,知识总是在不断地储存和积累,这是人类对世界的理解。而且知识一直在流通。知识生产,即"知识的生产"。原始时代,人们就有了知识的产生,其中,最具代表性的就是采火术和制石器技术。到了封建时代,人们大量地使用文字,科技的发展也随之产生。到了资本主义时代,牛顿力学、爱因斯坦的相对论等科学学说逐渐形成了丰富的人类知识生产的典范,人类日益掌握的科技手段是知识的生产方式。19世纪中期以后,随着经济的快速发展,科技实力的突飞猛进,知识生产已步入了一个全方位的发展时期。在当今世界,以专业为主体的严谨完备的知识生产系统已经基本成型(尹喜悦,2014)。

1996年,OECD(经济合作组织)把知识生产定义为开发和提供新知识。个人、团队或组织能够创造新的知识和做法。何传启(2001)提出知识生产是指知识创新、创新管理、知识产权的创造。刘诗白(2005)指出,我们将精神上的一切成就,如文字、艺术等,统称为知识产物,而文化产物如文学、艺术等,则称为知识。吕卫文(2008)认为,知识生产通常是指人们通过身体和智力对客观事物进行影响,以满足自己的心理需要而产生的一种创造行为。傅翠晓等人(2009)把知识生产作为社会生产中的一个重要环节,并把它作为一个主要的生产要素。王安宇(2010)提出,知识生产通常分为两种类型:自主和协作。自主知识生产是以个人的力量和资源为主体的知识生产活动。合作型知识生产是指通过与他人分享知识生产要素而获得的共有或补充的知识。张国昌（2012）等对知识生产主体的变迁进行了分析，指出其总体上可分为个体化、制度化和社会化三个阶段。在个体化阶段；知识生产以个人为主体；在制度化阶段以组织为主体，在社会化阶段，知识生产主体表现为网络化特征。这三个发展阶段由封闭向开放逐步发展。王树祥、张明玉、王杰群（2014）提出，在知识经济时代，知识成为主要生产要素。知识通过"复合生产要素"的知识属性及其边际效益变化揭示出知识的"二次价值"，并构建了由知识价值链、虚拟价值链和实体价值链组成的企业综合价值体系。戴栗军（2017）认为，知识生产都是智库的逻辑起点和逻辑轴心。高校智库只有更多地遵循知识生产逻辑，才能坚守住智库质量、独立性和影响力至上的核心价值，才能更好地把握未来发展趋势进而科学地推进高校智库的改革和发展。柳洲（2021）从知识生产方式变革视角，构建整体主义的新科学观和新科学革命观，并基于生产力和生产关系的历史辩证法，构建涵盖认知和社会两个维度的"知识生产力＋知识生产关系"的系统分析框架。

　　知识生产有别于物质生产，它是由生产者、劳动对象、劳动材料三个要素按某种形式构成的生产过程。"知识生产"是人类利用智力创造出新知识（包括知识形态的科学技术）的过程。还有一些学者认为，知识生产仅仅是企业经营活动中的一个重要环节，他们逐步地将企业的知识生产问题引入到企业的管理领域。知识的生产、加工、传播和运用构成知识管理。知识生产是一个有机的过程，不能用直线思维来分割，知识的生产活动贯穿于整个知识管理活动。人类在利用知识的过程中，对知识进行生产、加工、传播和运用，运用知识来生产知识，又把一切的知识都归为知识生产，这个也是知识增殖的生产活动。从根本上讲，知识生产是一种由个体逐步向社会转化的精神劳动。现代多种知识的相互融合与推动，体现了知识的社会化；知识生产的劳动成果是一种特殊的公共物品，它的生产方式是符合社会发展规律的（李友梅、耿敬，2020）。

三、知识生产模式

从社会学角度看，模式是指对社会现象或自然现象的理论图式或解释方案，包括进化模式、结构功能模式、均衡模式和矛盾模式，同时也是一种思维和思考模式。所以，在文化分析领域中，模式就是一种可以被研究者根据自身需求来界定的概念。从管理学角度来看，模式是对已知的事物进行客观的描述，重点是人的认知。模式中包含一种可以供别人学习和使用的意义；把生产模型的观念运用于对大学问题的阐释，就能形成一种对高校组织和运作机制的理解和阐释的理论系统。知识生产模式，又称知识生产方式，由"生产方式"这个概念演绎而来，是指在知识生产过程中技术、方法和组织结构等社会性活动（赫丹，2019）。模式的概念不仅可以检验某一特定的组织行为与实际的组织行为是否一致，还能用来在多种模型中进行比较判断，从而有利于人们对该模型的认识和选择。从人们对模式和方法的认识来看，知识生产模式是指在科学知识生产过程中形成的人与自然、人与社会、人与人的互动关系，它包含了人的思维、心理和实验，以及在科学知识生产系统中的个人和机构（如大学、科研机构、企业和政府）的复杂互动关系（李正风，2005）。

在知识生产发展的过程中，表现在人与自然、人与社会、人与人之间的互动关系和体系，被称为知识生产模式，它不仅涉及研究者个人的各项活动，也涉及知识生产的过程中占主导地位的主体之间的相互作用。

四、知识生产模式变革

知识生产模式是科研活动的核心因素，它直接影响到社会的科技知识生产能力。在历史的发展过程中，知识生产模式的发展也受到历史发展的客观影响，在不同的历史发展时期，科学知识的生产方式也会有相应的特征。知识生产模式变革是历史发展过程中的一种必然现象，在学科发展的进程中，知识生产模式决定了其科学发展的历史规律，同时也在推动着社会的进步。因而，知识生产模式的变革，不仅是社会历史演进的一个重要层面，而且是推动科技进步的关键（赵鑫，2010；郝丹、郭文革，2019）。肖建华、李雅楠（2014）结合科学社会学与智力资本理论，针对变革中的知识生产模式，将科研组织分为学科推动类、应用拉动类和双驱动类三个类型，分析其智力资本特征，提出优化不同类型科研组织智力资本、实现组织目标的相应措施。知识生产模式的变革，是对复杂的知识生产实践活动进行深刻而全面变革的一种描述或认识方法。具体来说，随着外部社会环境变迁，知识生产模式的变革，也是从一种形态到另一种形态变化的过程（姚宇华，2017）。朱冰莹、董维春（2017）认为，知识生产模式变革不仅是科学体系自身发展的需要，也是与社会发展相互促进、协调的产物。大学的知识生产受学术逻辑与市场逻辑的影响，分别要求以学术为本与适应社会需要，学术和社会/市场在持续的交互作用中实现大学知识生产模式变革的逻辑平衡。李玉栋、沈红（2018）认为，高等教育学科与产业的协同范式由此经历从交易型到交互型的变革过程，交互型协同成为世界主要发达国家或区域促进知识生产、优化学科与产业结构和提高区域创新能力的主要路径，其发展过程包括产业研发、学科创业、学科与产业融合阶段，并产生高等教育学科与产业协同演变的新特征。杜燕锋、于小艳（2019）提出知识生产模式转型体现了知识生产从传统到现代的转型，并呈现出跨学科性、应用性、协同性和多元参与性的特点，人才培养模式在知识转型背景下发生新的变革，人才培养组织从单一学科走向跨学科等，进而提升人才培养的适切性。白强（2020）提出顺应大学知识生产模式变革趋势的新要求，应立足顶层设计，树立系统思维，从调整国家科技发展战略、改变知识导向逻辑、改革学科组织形式、革新学科制度体系、创建新型学科文化生态以及培养交叉学科人才等方面入手，全面推进学科创新发展、持续发展。

五、产学研合作

产学研合作在国外通常被称为 Industry-University Collaboration、Industry-University Links、Industry-Science Links 或 Government-University-Industry Relationship，在我国也有几种不同的提法，包括"产学研合作""产学研结合""产学研联合""校企合作""官产学研联合"等。由于产学研合作涉及的参与主体、合作内容、治理模式等范围甚广，学者们对产学研合作的概念尚未形成统一的认识。辛爱芳（2004）认为，以技术创新为基础，以企业、高等院校和研究机构为基础开展的技术创新合作，是指将其资源（资本、人力、技术）整合在一起，以促进社会、经济发展为战略目标，对科技和相关产品（或服务）进行联合开发。徐学军（2007）认为，在知识管理的视角下，新产品的研发是一种知识的生产。从知识创新理论出发，对新产品开发中的知识流动进行了分析，并以此为依据，讨论了不同知识主体在新产品开发中的知识角色，并利用该模型对企业—供应商、企业—科研/咨询机构进行了研究。张国峰（2012）从产学研合作的共生性与运作模式出发，从"共生"的角度探讨了产学研合作的"协同"过程，并从"偏利共生"的角度，探讨了产学研合作的"合作"过程、"障碍因素"、"治理模式"等问题。周宁（2016）认为，产学研包括三个基本主体，即工业界（或企业）、高校和科研机构，以及中介机构和金融机构，它们合作开展研究、开发、产业化等创新活动，使知识得以传递、消化。为了实现技术创新、成果转化、人才培养和社会服务，知识创新是一个复杂的、非线性的过程。刘凤朝等（2022）从知识基本观点和组织学习理论出发，构建了知识属性与知识关系对企业创新绩效的整体分析框架，探讨了伙伴知识多样性、伙伴与焦点企业知识相关性对焦点企业创新绩效的影响，并利用医药行业上市企业2007—2016年专利数据和负二项回归模型验证相关假设。

从产学研合作的定义中可以看出，产学研合作实质上是两个性质不同的组织根据各自的目标而进行的各种合作。合作的目的可以是战略联盟，也可以是资源互补、知识转移和创新、成果转化或技术创新等。合作方式可以是建立一个实体机构，也可以是契约合作。产学研合作从萌芽到现在已经过了两百多年的演变，它的职能和组织形态是随着时代的发展而不断演变和丰富的，但其本质属性是不变的。产学研合作既是一种学术性的产业活动过程,又是产业性的学术活动过程,它的本质属性是以创新为目的的。创新是产学研结合的源头和活力,是产学研合作存在的依据,也是产学研合作的目标。而产学研合作,作为一种组织形式,也是一种创新的成功实践。产学研合作是产学研结合、产学研联合等多种形式进行的实践应用与研究。从参与主体上来看,根据科技产业化的进程,产学研合作实际上是指基础科研或理论研究,实施技术领域的应用创新,实现在实际生产中实现盈利的过程。产学研合作创新是在多主体参与的创新活动中,以创造新知识、新技术、新工艺、新市场为前提,以应用为手段,以利益为前提,旨在促进区域核心竞争力,推动经济和社会发展的能力。因此,产学研合作实质上是一种特殊的创新经济活动,是一种促进技术创新所需各要素相互融合的特殊性创新经济活动。

六、创业型大学

创业型大学最早被定义为直接参与研究成果商业化的行为的大学,其后学者对创业型大学的内涵不断进行补充。Etzkowit(1984)认为,创业型大学需要具备几个特征:与产业界、政府建立新型的关系,建立各种边界跨组织,更直接地参与研究成果商业化活动,争取多样的资金来源,教学和研究更多地关注实际问题。Gverrero 和 Urbano(2012)指出,创业型社会是指以知识为基础的创业精神已成为经济增长、创造就业和竞争力的推动力的地方。在此背景下,创业型大学既是知识的生产者,又是知识的传播机构,发挥着重要作用。Noor 等(2018)研究发现大学和企业之间通过知识交流建立互惠联系的趋势越来越明显,这有助于政府和大学制定指导方针和政策，实施和加强创业型大学的理念。

我国学者张秀萍（2010）认为，创业型大学是大学社会使命变迁和大学发展逻辑相结合的必然产物。三螺旋理论为创业型大学的建设奠定了坚实的理论基础。该理论强调创业型大学目标的定位和价值的重构，强调政府、企业的战略协作与联动，促进异质性资源在高校、政府、企业之间的整合与流通，从而形成良性的外部交互作用。付八军（2012）认为，创业型大学是将知识生产、传承和应用结合起来的高校，是我国高等教育改革和发展的必然趋势。像"研究"成为大学的"第二个中心"一样，经过一段艰难的历程后，"创业"最终将会成为大学的第三个中心。无论是教育大学还是研究大学都可以也应该向创业型大学转型。曾尔雷、赵国靖（2015）从创业型大学崛起的背景入手，分析了创业型大学的知识生产模式、文化体系及组织结构，认为区别于其他类型的大学，创业型大学具有更明显的促进区域经济发展的内在特征。要创建创业型大学，必须加快管理体制改革，采取企业化经营模式，实现学术资本的转化，培育创新型人才。从科技成果转化的总体上看，技术创新的主体是企业，基础研究和技术创新的密切合作是促进我国科技成果转化的关键。梁梓萱（2016）通过梳理2011—2015年高校科技对国内高校科技成果转化投入—产出情况发现，高校与企业间的有效协作，对我国科技成果转化的成效起着重要作用。政府的政策导向与扶持，将直接影响到高校科研与科研成果的转化。王凯、胡赤弟、吴伟（2017）以大学功能演化规律和"学科—专业—产业链"理论模型为基础，借鉴知识与社会网络理论和创新生态系统理论，以建设"双一流"大学和服务"大众创新万众创业"战略为导向，从"跨组织边界"

以及知识网络与社会网络嵌入视角提出"创新创业型大学"发展的现实路径。刘小强、黄知弦、蒋喜锋（2019）通过研究发现，从20世纪90年代后期开始，新加坡国立大学在新加坡政府大力发展知识经济的背景下，提出了"全球知识企业"的发展构想，在迈向创新型大学的过程中，实现了建设世界一流大学的目标。这为我国当前一流大学建设提供诸多启示：知识和经济的双重转型要求一流大学建设范式转变。

创业型大学是我国高等教育改革的一个重要发展方向，其建设意义在于通过学术创业来摆脱高校现有的依附地位。本研究认为，创业型大学是为适应社会、经济发展的新需要而形成的一种新型的高校发展模式，它强调高校必须面向市场需要进行知识生产，并在实践中促进知识的应用与价值的实现，从而实现独立自主、可持续发展的目标。高校向创业型大学的转变，就是要将市场资源和知识资源有机地结合起来，并相互支撑、相互整合和一体化合作，形成一个良性的社会生态，其本质是产学研结合。

第四节 研究的主要内容

本研究主要围绕着知识生产模式转变的典型理论，阐释知识生产与产学研合作模式关系演变过程，并对知识生产视角下我国产学研合作模式存在的问题及其成因进行分析。运用知识交互原理、知识社会学理论和学术资本主义等相关知识理论，借鉴发达国家产学研合作模式，对知识生产变革中我国高校产学研合作模式创新提出建议与对策，最后以案例进一步分析模式创新的可行性。

一、知识生产与知识生产模式

从知识、知识生产和知识生产模式的内涵入手，分别阐述知识生产模式的转变过程和知识生产出现的新特征。知识对产业管理活动有着极其重要的作用，主要反映在知识可以提升某一产业的价值，并获得持续的竞争优势。知识生产是在一定环境背景下基于人际互动的社会认知过程，知识生产是人们运用大脑智能来发明、发现、创造各种新思想、新观点、新理念与新方法的社会性活动。知识生产模式是知识生产活动的语境、性质、主体、组织和规范等的综合体，其转变既有科学自身发展的内在逻辑，也受到科技、经济与社会文化发展的时代潮流影响。受新科技革命的浪潮、知识经济的兴起、后现代主义的影响，知识生产出现的新特征有知识生产的语境依赖性、知识生产走向市场、交叉学科的研究、知识生产的组织异质性和知识生产的社会责任性。

二、知识生产模式与产学研合作模式

知识是产学研合作要素中的核心，主要是因为：第一，产学研合作的过程是知识流动和发生质变的形成过程；第二，产学研合作的主体会加速知识的生成和流动；第三，产学研合作的资源配置保障实现技术的创新和知识的生产。从已有的经典理论企业知识理论、三重螺旋理论和知识的新生产理论分析产学之间复杂的知识关系。受异质性知识耦合的作用，知识生产模式视角的产学研合作动力主要包括市场的驱动力、政府的调控力、资金的支撑力、文化的感染力、发展自我的原动力这五个方面的动力。知识生产模式转型下产学研合作本质上是一种知识资源配置方式，是围绕知识进行生产、传播、融合和应用的活动，主要体现在知识、资源、组织、制度四个方面的整合与优化。

三、从知识生产模式转型的角度分析我国高校产学研合作中存在的问题

从产学研合作的起源与历史发展分析，实现创新资源（技术和知识）共享是开展产学研合作创新的主要动因之一，还有来自市场的驱动力、政府的调控力、资金的支撑力、产学研合作各方自我发展的原动力等因素的影响。通过梳理我国产学研合作的发展与成效、主要模式和特点，发现我国高校产学研合作存在的主要问题有产学研主体合作动力不足、产学研合作的质量不高、产学研合作主体知识交流不畅、缺乏跨学科研究、多主体深度参与的创新生态还未形成等。

四、从知识生产模式转型看产学知识合作模式创新的理论依据

大学和企业都是复杂的知识系统，同时又具有在"模式2"的知识生产层面的融合趋势，这是两者合作的首要前提。大学的目标和使命是创造新的科学知识、培养承载科学知识的人力资本；企业的使命是不断地创造财富，为经济和社会的发展做贡献。作为经济系统中知识生产、创造和使用的两大主体，大学和企业作为科学和技术的两大典型代表，在组织特性、目标和边界上存在着巨大的差异性，这些差异性决定着二者是否能够产生更加紧密的合作。在经济系统中，大学和企业根据各自的知识特性、边界和职能进行两种最基本的知识合作，即知识互补和知识交互。产学研是一个复杂而开放的系统，正是由于孤立的旧结构不能达到其增长目标，才会采用协同合作的形式，通过开放系统的物质、信息等交

第一章 导论

流，进行全方位合作，从而实现互利互补，合作共赢。大学正经历着从知识生产、传播到创业的转变。在知识社会中，它将在促进区域、国家经济发展中起到非常重要的作用。

五、知识生产模式转型背景下发达国家产学研合作模式的启示

产学研合作的历史在一些西方国家可谓源远流长，经历了不断探索和不断完善革新的过程，而每一次的演进和发展都与教育理念、科学进步、产业发展、社会意识等因素息息相关，在这纷繁复杂的因素背后，其改革发展实质上是围绕知识生产在不同时期的模式和特征进行的，因为产学研合作是一种知识生产形式，必须要顺应知识生产发展的新趋势。对一些发达国家产学研合作的发展历程和有益经验进行总结，找出其产学研合作模式的发展特点，可促进我国产学研合作模式的发展和改革。

六、知识生产模式转型背景下我国高校产学研合作模式的创新

随着知识生产模式的转型，以知识生产为基础的产学研合作也出现了一系列的问题与挑战，洞察知识生产领域凸显的异质性特征有利于树立新的产学研合作理念，创新产学研合作模式。在应用情境下，知识生产关注科研问题的产生、方法论的设计和科研成果的扩散与应用，以及研究与创新的市场化导向，尝试解决具有经济与社会价值的科学问题，缩短科技转化生产力的路径，促进知识的市场化和商业化等问题。面对来自企业的复杂问题，在产学合作过程中交叉范围与深度越大，越容易催生新兴学科与知识。通过构建"科学研究共同体"，在创业孵化、科技金融、成果转化、技术转让、科技服务业等领域开展深度合作,提升科技创新能力。新知识生产范式的开放性,研究方式、场所、参与人员、经费等知识生产要素存在多样性、异质性特征,因此,产学研合作组织机构必然会发生嬗变,逐渐向构建创新人才培育、科技创新以及高科技创业孵化平台,探索建立融合贯通的区域性或专业细分性联盟,加快科技创新资源集聚和共建共享转变。随着时代的发展,以及知识的弥散速度和人们思想水平的提高,知识的生产者不仅受主体间价值取向的影响,也受社会公众团体的制约。如何衡量"好科学、好研究"?技术的推广不仅是谋求经济价值,更是谋求人类的健康幸福等社会价值。因此,合作研究项目除了有市场竞争力,还需要在人文关怀等维度协同进化,知识生产者需要增强反思性和社会责任性。

七、我国产学研合作知识生产的项目案例例析

企业既是产学研过程中的一个环节、一座桥梁,也是负责宏观调配的指挥家,全面认识"市场导向"和"企业为主体",是产学研合作成功的主要原因之一。本书最后分析了三个产学研合作知识生产的项目案例:"政产学研用"共同体——哈工大机器人集团、"产学研"一体化深度合作平台——南方测绘集团以及苏州纳米科技协同创新中心。通过分析,我们得到一些有益的结论:紧密结合高校办学定位和办学特色,改革和创新校企联合"产、学、研、用"结合的人才培养新模式,紧密结合行业品牌龙头企业的设备、技术和服务优势,紧密结合区域资源优势和社会发展需求。将高校人才培养与地方社会经济发展的需求紧密结合,还需要进一步提升和优化校企联合培养人才的创新模式,建设产学研

一体化深度合作平台，实现校企共赢、可持续发展和深度合作的体制机制。

本章小结

知识生产模式是知识生产活动的语境、性质、主体、机构规范等组成的集合体。随着工业革命和知识经济的来临，经济、社会、科学等领域得到了迅速的发展，人们的知识量越来越大，知识的生产模式也发生了极大的变化。不仅是知识推动了历史的发展，历史进程也影响着知识生产模式的变化。不同历史时期的知识生产模式影响着科学研究的发展，并且对处在这一时期的研究理念、目的、组织形式和评价方式等都具有重要的影响。因此，认识知识生产模式的重要性，把握当代知识生产主流模式的特征，促进其顺应时代变迁而变革，对推进科学研究、促进知识创新和建设创新型国家等都有具有重要价值。

外国学者研究知识和知识生产的历史更长、更全面，他们从多个视角对科学知识生产进行了全面的研究，主要有哲学的认识论、历史学和科学社会学等视角。有关知识生产模式的理论非常多，不同的学者从不同角度对其进行了总结和深入的探讨，并通过互相学习来充实和完善现有的理论体系，这对企业进行知识生产与创新活动提供重要的理论支持，具有指导意义。

目前，高校与科研院所的合作周期已呈现出长期化的特点，其合作水平逐步向战略级发展，跨境合作的趋势也越来越明显，如何将各机构的知识资源进行有效的整合，并对其进行有效的协调与管理，是当前学术界面临的一个重要课题。国内学者对产学研结合的实践进行了大量的研究与分析，为我国的产学研合作模式的创新提出了一些有价值的意见和建议。我国学者在知识视野下开展的产学研合作模式研究多集中在知识转移、知识管理和知识共享等领域，尚未彻底厘清知识生产与产学研合作的关系，也未全面揭示知识生产模式变革对产学研合作模式的影响，且很少在知识生产层次上进行探索。

高校产学研合作活动与其所处的社会环境构成了一个有机的生态系统，知识生产模式的变革是导致产学研合作模式生态演替的重要动因。产学研合作是以知识生产为基础的，又是知识生产的一种表现形式。知识生产的转型和一些新特征的凸显对产学研合作模式产生了多方面的影响，主要涉及研究范式、组织机构、质量控制等方面。因此，分析知识生产模式转型对产学研合作模式的影响有利于抓住知识生产领域的最新发展趋势，优化和调整产学研合作模式的选择和发展，从而促进产学研合作的健康发展。以知识生产为基础的产学研合作既是一种社会活动，也是推动经济发展的创业活动。高等院校通过有效地整合优质资源、组织社会创新资源，建设产学研深度融合的科技创新合作路径，对提高科学技术的创新能力、科技发展水平以及助推实现区域科技创新与发展具有积极意义。

第二章 知识生产模式的演进与特征

人类已经步入了知识爆炸的时代。在诸如"知识工业"和"社会扩散"这样的新词语中,我们可以看到,在传统的、众所周知的"小科学"和"学院科学"的基础上,又有一种新的知识生产方式,普赖斯(1963)把它称为"大科学",约翰·齐曼(2000)则把它看作"后学院科学",但英国的迈克尔·吉本斯(2004)等人则从知识的角度,把传统的、众所周知的知识生产方式称为"知识生产模式1"(简称"模式1"),并将新兴的知识生产模式称为"知识生产模式2"(简称"模式2"),知识生产模式的转换即"模式1"到"模式2"的转换。以"知识生产模式2"为代表的新型知识生产模式已经完全颠覆了传统的知识生产模式,在新的社会环境下,知识的生产模式也在发生改变,以适应社会发展。

第一节 知识生产模式的演进

一、范式

西方语言中的"范式"(Paradigm)一词,源自古希腊文,包含着"共同显示、规范、典范、词形变化规律"等多种含义。美国的科学社会学家托马斯·库恩在20世纪五六十年代用这个术语来说明科学发展的进程。在《辞海》中,

"模式"是指范本、模本、变本的样式。一些人从科学哲学的观点出发,认为模式是对特定的生产过程进行简化、抽象和类推的表现,是一种类似原型的替代,是一种体系或过程(尹喜悦,2014)。范式的基本含义是指传统科学赖以运行的理论依据和实践准则,是从事某一学科的科研人员普遍遵循的世界观和行为模式。库恩曾在著作《科学革命的结构》(1962)和其后发表的论文《再论范式》(1974)中数次使用"范式"一词。例如:"我所说的模式一般是指在一定时期内为实务团体提出的一些具有代表性的问题和答案,是已被认可的科技成果。""我选择这个术语来指代一些被普遍接受的科学实践的例子,这些例子涉及法律、理论、应用和仪器,它们都是具体的、有条理的科学传统。"库恩在关于科学革命的论述中指出,科学革命并非循序渐进的积累,而是一种结构性的"范式转换"。这是以新的方式重构这个领域的研究,它将会改变一些最基本的理论,并在这个领域里产生很多方法和应用。库恩还指出,因为过去的模式存在着严重的危机,无法解释和解决科学研究中的一系列新的实践和新的问题,科学家们对原来的模式失去了信心,因而做出了其他选择,突破了传统的模式强加给科学工作的限制;新的理论范式在对比的基础上逐渐成形,它完全摒弃了原来的模式,逐渐发展成为更具说服力的新模式,例如新问题、新理论、新方法、新的研究范例(参见曾令华、尹馨宇,2019)。这一新的范式并非对原来的范式进行精练或扩充,而是从一个新的层面上"重构",从而改变了该领域的基本理论、方法乃至学科的设置与教学模式。

二、知识型

继库恩的范式理论提出之后,后现代哲学大师福柯提出了知识型的理论。知识型并不等于知识的类型。人类的知识可以分为多种类型。以孔德为例，他把"宗教知识""形而上学知识"和"实证知识"，分别归为"哲学知识"和"哲学"。罗素（1963）将"人的知识"分为"知识的粮食""知识的文化""实践的知识"。福柯（1966）认为，"知识型"是一种世界观。"知识型"是科学史上的一部分，涉及各个学科。在每个方面，都有相同的规则、原则和理性发展的过程。福柯指出，知识型隐藏在知识背后，是一种"历史的先验结构"，它定义了某一时期的知识。福柯（1966）将文艺复兴以后的知识型分为"文艺复兴知识型""古典知识型""现代知识型"和"后现代知识型"。文艺复兴时期的知识型是以"相似"为基本原则，古典时期的知识型是以"表象"为基础的，现代的知识型是以"人"为核心的，不同知识型之间是不可通约的。知识型的转换往往是突然的、任意的，形成了话语的"断裂"，从而导致了事物不再以同样的方式被感知、描述、表达、分类和认识。知识型也是一种知识的内在规则，知识类型的断裂使得知识的发展呈现出一种混乱的状态，然而知识的内在规律和知识的发展却是有序的。尽管福柯排除了这种断裂性，但是福柯关于历史延续的观点却是有道理的，那就是，知识的增长和积累不仅是因为知识的增长和积累，更是因为它是一种变化，产生一种新的理论框架、观察视角和研究方法。

三、知识生产模式

（一）主要的知识生产模式

1. 后学院知识生产模式

约翰·齐曼的科学社会学思想塑造了以"研究和开发"

(research and development，R & D) 为代表的后学院知识生产模式。后学院知识生产模式是一种应用语境下的知识生产模式，直接与技术或者产业需求相联系。齐曼认为，在研发方面，科研人员要依赖政府、社会团体的资金支持，以集体合作方式，在与国家需要和社会生活紧密联系的领域内，开展有限的知识生产。学院知识生产模式与后学院知识生产模式是两种不同类型的科学理想和现实主义的科学观点。"由于社会目的的差异，两种知识生产方式很难并存，它们通常都是相隔很远的。"在后学院型知识生产模式下，企业和市场对知识的生产开始表现出明显的作用，并对其进行了干预。"研究者作为专门解决问题的'职业科学家'，他们的研究被赋予了实现现实目的的任务，因此，他们没有根据自己的喜好来挑选研究项目的权利，都必须遵守相同的行政规则和管理决策；他们的科研结果也由那些雇用他们的组织来管理，并由他们的经济效率来评估。"（转引自白惠仁、许为民，2014）后学院的知识生产呈现出了较多的学术资本主义性质，许多情况下，研究人员被委派从事研究工作，没有与之对应的自由与决策权；由于实际条件的要求，研究人员必须进行跨学科或多学科的科学研究。科技作为一种重要的社会变化要素，虽然其功能还没有完全展现出来，但是它所推动的科技革新却在不断地向社会的各个方面深入，从高校向工业的转变进程也在不断加速；高校与社会、经济的发展日益紧密地结合在一起，高校的知识产出已由单一的学术团体日益走向开放性。然而，后学院的知识生产方式也暴露出一些问题与隐患。一方面，纯粹以科研为目的的学术机构的合法性被压制、被忽略，部分与市场关系不密切的专业逐渐被排挤；另一方面，效用至上的价值观不但加剧了科研中的不良现象,而且相对于较为单一的论文评价制度,科研人员会为了获取某种科研经费的支持而生产大量错误的、不合理的、不实用的知识,知识生产滋生了浮夸和虚伪。

2. 跨学科知识生产模式

"跨学科"(Transdisciplinarity)一词最早出现于20世纪20年代,由哥伦比亚大学著名心理学家吴多士(R. S. Woodorth)提出并运用,其主要内涵是期望更高层次的学科联系(刘仲林,1993)。以往的知识生产方式都是建立在单一学科领域,以学科内的现象和问题为主要研究对象,强调学科存在的界限和独立性,而跨学科出现的背景则是要有效地处理单一学科领域无法处理的问题。这是一个知识生产过程中前所未有的新阶段。

跨学科与交叉学科(Interdisciplinarity)的含义不一样,它的实质是有一个相互交织的现象,它的研究范围是"空间间隙",而这些问题都是边缘性的。例如,细胞学、基因学和生物化学等构成交叉学科研究领域。跨学科的基本思想是世界一切事物是普遍存在联系的,跨学科研究是一种新的科学研究方式,往往强调用系统、全局的观点来审视和处理问题,具有系统思维的烙印,是复杂学科的基本原理和实际的载体。跨学科的知识体系已经成为推动科技创新,特别是重大研究成果的关键因素。

跨学科的知识生产存在一种"四阶段说",即跨学科研究者在从事新的研究时,通常要经过四个阶段。一是积极的学习过程时期。处于活跃状态的研究者,他们对新的领域具有较强的热情,对不同的学科之间的差别具有宽容的心态。二是研究的负面时期。研究者们开始意识到自己的科研实际和预期之间的差异,从而产生了很大的精神上的落差,并可能在研究出现难以解决的障碍或问题时放大这种差距。三是接受新的学习时期。随着学习过程中的不断累积，研究者对新文化的了解与交流的技巧逐渐增强，并重新以积极的眼光看待学科研究的问题。四是研究者的调整期。研究者可以在新的领域中自由地穿梭，能够更好地融入各种不同的领域，并且在学习上有了很强的洞察力，能从多个领域获取更多的知识。

3. 三螺旋知识生产模式

20世纪90年代中期，美国纽约大学的社会学家亨利·埃茨科威兹和阿姆斯特丹科技学院的罗伊特·雷德斯多夫利用三螺旋的生物学原理，提出了"学、产、官"的三螺旋结构，用以描述知识经济时代政府、产业和大学之间的新型互动关系。三螺旋理论是一种知识生产协作的典型理论，在以网络化为特征的知识社会中，大学、产业、国家政府三方角色重叠、相互促进，强调三方在知识生产、应用和传播中的协同效应，并通过开放组织边界、重组组织机构、聚集资源来达到创新协作的目的，在交叉融合中形成新的职能和组织形式。三个主体纵向发展的同时，又能维持相对独立的地位，提升了创新能力和知识生产的效益。在三螺旋模式中，大学、产业、政府等部门建立了更为制度化的体制结构，以保证人才、政策和信息等创新要素的配置，从而实现基础研究、应用研究和发展研究的有机结合。

三螺旋的构成主体均有较为明确的发展目标。高校以培养人才、科研、社会服务为主要目的，要实现知识成果的高效转换，提升人才的素质，争取国家、行业的资助；而产业的目标以市场为导向，旨在最大限度地实现企业的利益，需要大量的高校人力资源和智力成果，以推动其技术更新和产品转化,增强其竞争力;政府要通过增强高校和产业的能力来达到国家的战略目的,增强本国的经济实力和自主创新能力。

4. 知识生产"模式2"

英国社会学家吉本斯等人(1994)在《知识生产的新模式:当代社会科学与研究的动力学》一书中提出了知识生产"模式2"的概念。他认为,人类的科学和再生产可以大致分成两种,传统的以牛顿模型为基础的单一学科研究的知识生产方式("模式1")已经进入了转型时期,一种新的知识生产模式产生了,它以构建知识生产架构为基础,即在原有的"模式1"的前提下,对学科量化,进行线性、阶梯式的分析和内部结构化(甘铃菲,2021)。新的知识生产模式是以大学为中心的知识生产范式。大学的知识生产领域由封闭的大学向完全开放的全社会拓展,需要解决的问题由高学科化转向跨学科化,研究情境也从纯粹的学术环境向实际的环境转变。这种新的知识生产模式具有知识生产主体的异质性、生产场所的多元化等特点,知识生产品质评判的标准也从单一的同行评审向多元的社会组织评估转变。这种知识生产模式即"模式2",有五大特点:知识生产的应用场景、超学科的生产、异质和组织多样性、社会责任和反思。知识生产模式的转变,使科学界进入一个分水岭,由原本泾渭分明的专业分工逐渐向科技一体化迈进。或许这将引发一场新的"科技复兴",它反映了一种基于变革工具、复杂系统数学,以及从微观到综合技术的观点,而人类也将迎来一个革新与繁荣的时期,这也是人类社会发展的一个重要转折点(蒋逸民,2010)。

(二) 知识生产模式演进的过程

1. 从"小科学"到"大科学"之间的知识生产模式变革

20世纪以来，随着科学技术的发展和经济的发展，高校在科研、人才培养、服务社会等方面的作用不断加强，尤其是在第二次世界大战之后，大学在知识生产中的作用已经发生了很大的变化。美国科学家温伯格于1961年首次提出"大科学"，认为科学从"小科学"转变为"大科学"。同时，美国的普赖斯也把这个问题引入了一个系统化、专业化的研究领域，从科学史学的视角，对"小科学"和"大科学"之间的辩证关系进行了深入的分析。普赖斯在1963年出版的著作《小科学，大科学》中，利用大量的篇幅对科学文献和科学家进行了分类和定量的分析，从而发现了科学文献呈献指数增长的规律。从"小科学"到"大科学"，逐渐形成了一幅知识的画卷，它告诉了人们科学文献的增长和变化，科学家角色的变化和流动，跨机构、跨国家的合作和交流，在这些现象的背后，是"小科学"的知识生产方式向"大科学"的知识生产模式的转化（陶迎春，2009）。普赖斯注意到，自第二次世界大战后，政府在科研上的支出、人力和文献的增加，不但在规模上有了很大的不同，而且还突破了"数世纪以来的传统"，成为大科学的新时代。他相信，从"小科学"到"大科学"的转变，也许是在20世纪四五十年代，那时，科学系统跨越了"中点"的逻辑发展。在"小科学"时期，科学家们进行知识生产的初衷是出于对"他人所为，是何人所为"这一"社会义务"的理解。"大科学"的出现，标志着"稳定饱和"的全面爆发，也标志着新的基础法则的形成。

第二章 知识生产模式的演进与特征

按照普赖斯（1963）所说的"小科学"和"大科学"的定义，"小科学"的知识生产方式，是指科学家们在"为科学而科学"的环境下，基于自身的"好奇心"，以追求科学的真理为指导，以分散的个体或小型群体为单位，专注于某一学科领域的自由的知识生产方式；而"大科学"的知识生产模式，则是指科学家们在大型科学计划的基础上，进行大量的资金支持，以一个相对集中的、大规模的群体为单位，进行跨学科的甚至是国际性的协作。在"小科学"时期，知识的生产常常并不是受雇于任何组织或个人而必须完成的，科学家个人在科研中占有绝对的话语权，其研究目标与结果带有"为科学而科学"的非功利色彩，体现了"价值无涉"的理想信仰。因此，"小科学"的知识产出规模不大、科研经费支出不高、资源装备利用率低、研究领域单一。"大科学"建立一种以明确的科研目的和社会责任为基础的知识生产模型。大科学时代的知识生产必然要顾及社会的需要，科研课题的目标由各利益相关者共同制定，通常是由政府来组织、协调科研，因为科研项目的规模庞大；研究经费、资源、仪器等均有充分的资源，研究工作更加复杂多样，不再局限于一个学科，而是由科学家组成的研究小组共同努力。"大科学"都是跨领域的研究，研究目标和结果都是"功利性"的，而科学家往往是被动地承担科研工作。因此，在"大科学"的知识生产中，科学的自由在某种程度上被制约，但是，集体协作的倾向越来越明显，科学家承担的社会责任也越来越大。

2. "学院科学"向"后学院科学"的知识生产模式变革

洪堡在柏林大学改革时，倡导纯粹的科研，把科研工作当作学校的一项重大任务，主张"教与学相结合""教与学的自由",特别是在科技知识的制造上。柏林大学的创始人,如洪堡,他们所倡导的科学研究,都是纯科学,他们相信,科学的目标在于对自然的全面了解,在于其自身的真理,而非其实用价值(王洪才,2010)。齐曼是一位科学社会学学者,他把19世纪的德国大学称为"学院科学"。大学在洪堡模式下的学术研究注重的是普遍知识的进步,因而,大学所学的知识以学科知识为主;实际上,大学老师已经变成了一个知识的专家。自学院科学产生以来,它对科学知识的生产起到了巨大的推动作用,使人们对世界的认识的范围和深度都得到了扩展(惠鸿杰,2013)。默顿高度赞扬了学院科学,把它看作一种最纯粹的科学的雏形,认为它有一个特别的社会结构,有一种"科学的灵性",并把它归纳为普遍主义、公有主义、无私利性、有条理的怀疑精神和独创性(缪成长,2018)。柏林大学自从改革以来,学术研究的风气根深蒂固,包括美国在内的很多国家,都把它当作效仿的典范。然而,洪堡式的大学科研是以个人为基础,以小规模、无组织的形式进行科学知识的生产。这样的科研活动是一种高度个人化的活动,研究者可以自由地去思考、研究自己感兴趣的话题,在没有考虑知识的实用功能的情况下,就能获得关于自然界的一般知识和法则的认识。

20世纪中叶,在第二次世界大战后,由于全球政治格局的变化、经济危机的出现、大科学的发展,与以往由科学家们单独从事的"小科学"相比,大科学研究具有大规模、高投入、复杂、组织化的特征。在大科学的年代,以科学家兴趣为基础的分散的、个人的研究逐渐被"有组织的研究"所取代。所谓"有组织的研究",就是将科学家们组成一个团队,共同努力,攻克难题。"二战"后,美国政府与大学协作，为有组织的研究开辟了一个新的纪元。政府对大学、政府内部科研机构、企业科研机构进行组织与协调，通过资金或签约等手段，使人才配置与科研需求相适应，最终将其用于国家的利益。美国战后研究性大学所开展的有组织的研究，打破了德国洪堡大学学术研究的局限，把科研工作和国家需求相结合。"有组织的研究"是一种典型的实用主义的研究方法，可以很好地适应国家和社会对科学知识的需求，因而很快得到了各国政府的认可。斯坦福大学是一所具有创新精神的大学，它为科学知识的生产带来了一场变革，将科研带入了"后学院科学"的时代。

从"学院科学"到"后学院科学"的过渡，越来越重视"效用性"。齐曼（2000）相信，"后学院科学"是"科技"的延伸，是一种"崭新的生命模式"，由资讯传递至问题解答，形成一种科技合作的联盟。在后学院科学时代，大学所关心的并不只是基础学科的发展，还有应用学科的发展，甚至还将技术升级当成了一项科学工程（蒋平，2018）。对于个人科学家来说，研究并不是建立在"休闲好奇心"的基础上；他们会被企业雇用，成为"专家"，这个时候，科学家们的研究和评估，已经不像"学院科学"时代那样，只看他们对人类的贡献有多大，而更多的是看他们对企业的发展有多大的贡献。在"后学院科学"时代，美国大学与政府、企业形成了"大学、政府、产业"的"三重循环"关系。美国学者亨利·埃茨科威兹首先提出了"三螺旋"的概念，对大学与政府、企业的关系进行了深入的研究。他相信企业家精神是三螺旋模式发展的动力。创业型高校主要向行业提供咨询、直接创办新公司等服务，并承担国家重要科研项目，尤其是与军事有关的项目。企业家既能参与知识空间的生成,又能促进企业的融合与创造,从而成为企业的创新活动的组织者和主体。

3. 知识生产"模式1"向知识生产"模式2"的变革

人类已经步入了知识爆炸的时代。在诸如"知识工业"和"社会扩散"这样的新词语中,我们可以看到,在传统的、众所周知的"小科学"和"学院科学"的基础上,又有一种新的知识生产方式。正如前面提到的,普赖斯把它称为"大科学",约翰·齐曼则把它看作"后学院科学",但英国的迈克尔·吉本斯等人则从知识的角度,讨论了知识生产的新模式对社会各个领域的影响,包括生产什么知识、知识如何生产、知识生产的情境、知识组织方式以及知识质量控制等方面(Gibbons,1994)。吉本斯等人在建立"模式1"的时候,借鉴了牛顿学说,将知识生产"模式1"定为"思想、方法、价值和规范"的综合体,任何与牛顿规范相一致的行为都被称为"科学",反之是"非科学"。

吉本斯等人(1994)进一步指出,"模式1"将问题置于学科范畴之内,知识产出建立在单一学科架构下,以某一团体的学术利益为基础,具有同质性、等级制的特点,并且在组织形态上也趋向于保持这种状态,因此,"同行评议"的结果对科研成果的评价起着重要作用。但是,"模式1"的情况并不是永恒的,牛顿的科学准则正经受着新的经济和政治环境的挑战。如果有充分的证据证明"原有方式"与现行的实践活动存在着很大的差异,"模式1"要么适应现实的改变,要么被赋予"新的标签",即"模式2"。在知识加工方面,"模式2"不再局限于认知语境,而是更多地转向了社会、经济领域的应用场景;从组织形态上看,"模式2"改变了特定共同体研究机制,研究小组的组成不再以"中心主体"的方式进行管理与协调,而是根据研究任务的变化,对其进行重新组合,呈现出非等级制、异质性的特点,从而使其具有易变性和短暂性;在质量管理方面,由于"模式2"涉及的领域非常广泛,包括多学科、多机构的协作,以及组织的灵活性、短暂性,尤其是社会上形形色色的行为体紧密地相互作用,参与了整个知识的生产和传播,因此"模式2"必须采取"更广泛的质量标准",使知识的生产趋向于具有"反思性"的"社会问责"(安超,2015)。

"模式2"的出现,确实意味着整个社会时代的变革。吉本斯等人不仅对"模式1"与"模式2"的基本特点进行了深入的研究,而且从"模式2"这一概念的提出可以看出,吉本斯等人立足于整个社会领域的变迁来分析知识生产模式对社会带来的巨大冲击。无论是"科学共同体",还是"研究团队",又或者是"研究集体",似乎都无法解释"模式2"引起的"蝴蝶效应"。吉本斯等学者认为,高等教育的普及是一个很有意义的问题。随着顾问公司、智库等新的知识生产者和知识生产基地的涌现,"模式2"中的知识生产变得更加复杂和多样化。知识"被需要"与"被使用"的广泛性与差异性使得知识市场化成为可能,而商业往往被视为知识应用与发展的推动力,企业要想将知识商品化,就必须寻求与大学、政府实验室及其他企业建立新的伙伴关系。吉本斯等人还注意到,"快速运输"与"信息技术"也是必不可少的要素,这些技术为知识生产者与知识生产场所之间提供了便利和频繁的交互。

第二节　知识生产模式变革的社会语境

目前，我们正在经历从工业社会向知识经济社会的转型。历经多年的发展，工业化的弊端越来越明显，它再也无法满足人类社会的发展需要。工业化对于环境的破坏给我们带来了严重的后果。在知识经济时代，知识的创造与增长是经济发展的主要推动力，成为经济发展的一个重要因素。知识生产模式的转变，不仅是科学本身的发展的结果，也是由科技、经济和社会、文化发展的时代趋势所决定的。

一、新科技革命的浪潮

"新科技革命"是从 21 世纪初至今方兴未艾的新兴技术的革命。从本质上来说，新科技革命属于技术革命。但是，这场技术革命的特点是科学技术化、技术科学化和科学技术的一体化。因此，这种技术革命通常被称作"新科技革命"，它的真正含义是，这场技术革命的主导技术群落是高度科学化的，科技创新和技术创新的融合是一个整体。

科技各领域之间的相互渗透与分化，既有高度的差异，也有较强的融合。随着科学技术的进步，一方面，学科的分类越来越多，分工越来越明确，研究也越来越深入，各学科之间的关系也越来越紧密；随着科技的发展，越来越多的跨学科的科学研究计划应运而生，科学知识的生产也呈现出新的特征。另一方面，政府、企业对科技的重视、国际的合作和竞争也是前所未有的。政府通过财政、税收等手段，从宏观和微观上对科技发展进行调控，科技立法成为各国经济复苏、技术革命的重要手段。为了获得和保持竞争优势，各大

第二章 知识生产模式的演进与特征

企业都在加大科技投入,甚至积极地进行基础科研。这就使得科学与政府、科学与企业的关系发生了巨大的改变,进而推动了科学知识的生产方式的转变。例如,今天互联网的普及让我们每天都要面对海量的资讯。许多学者认为,我们这个时代是一个资讯社会,只要能从海量的资讯中找到有用的资讯,就能创造出财富。信息之高度集中、传播速度之快捷,在过去的数千年里是难以想象的,而资讯的发展与扩散也彻底地改变了人们的学习与生活,因此,必须要有一种与资讯社会相匹配的新型科技知识生产模式。

二、知识经济的兴起

知识经济理论形成于 20 世纪 80 年代初期。1983 年,美国加州大学的保罗·罗默教授创立了"新经济增长理论",认为知识是一个重要的生产要素,它可以提高投资的收益。"新经济增长理论"是知识经济理论的基本雏形。一些西方经济学家、哲学家和未来学者指出,随着科技在社会上的重要作用,人类正步入一个不需要通过斗争,仅仅依靠科技进步就能解决各种政治经济问题的时期。所谓的知识经济,就是以生产、分配和使用知识为基础的经济。这些知识涵盖了迄今为止人类所创造的一切,其中,科学技术、管理和行为科学的知识占了很大的比重。归纳起来,知识可以分成四种:一是认识,也就是对事实的认识;二是知道为什么,也就是了解自然科学的基本原理和客观法则;三是懂得如何去做,也就是掌握了技术和业务技能,包括技术、技能和诀窍;四是知道谁有知识,即能够及时有效地利用相关专家的知识。"知识经济"是基于知识的经济,也就是基于知识的智力资源造就的经济发展。知识经济强调知识生产、传播、运用的全过程,以高新化、高效化的科研体制为支撑,以知识的不断更新为目标。信息技术和学习在经济活动中所扮演的角色越来越受到重视。知识经济是与农业经济、工业经济相对的概念。传统的农业经济是建立在广阔的耕地和大量的人口的劳动的基础上的,工业经济的特点是冶炼、加工大量的天然资源和矿物原料,是对原材料和能源的巨大消费。而知识经济则是一种以知识为基础的新型经济形式,是一种知识密集型、智力密集型的新型经济,以创新知识为主导、以技术知识为主要驱动力。知识经济以知识为基础;在知识经济时代,人才、技术已成为推动我国经济发展的重要力量,以科技兴国、以知识致富为目标(孙文彬,2013)。

三、后现代主义的影响

在后现代哲学思潮中,解构主义思想融入到哲学的批判当中。解构主义以文学批评为起点,并以哲学为基础和导向,对科学知识的生产模式进行反思。知识生产是一种与社会紧密相连、随着社会环境的改变而发生变化的生产模式。可以说,后现代主义作为一种哲学、一种文化理念,它既体现在哲学、社会学、文学艺术甚至是人们的日常生活中,同时也体现于知识的生产领域。"后现代"对知识生产的再诠释,使知识生产成为大众时代"文化民主"的实现手段,而"消费法则"则将知识转化为理论"商品"。实际上,如果把知识当成一种商品,那么知识与其本身的文化和意识形态的关系就会变得模糊。人们逐渐把知识看作是技术运作的结果,而非人类智力的结果。知识与追求真理的距离越来越远,而被赋予"实用"和"有趣"的属性,这无疑符合后现代主义"平民化"的社会变革趋势。后现代主义是对已经

第二章 知识生产模式的演进与特征

实现现代化、进入后工业社会和信息社会的社会矛盾与社会文化状况进行剖析与批评,对于处于现代化进程中的中国人具有重要的参考价值。此外,它还在一定程度上研究了社会历史领域的复杂性问题,让我们更深刻地理解知识结构转型和知识生产模式转型的历史语境。

后现代主义思想家们最推崇的是创造性的行为,最欣赏的是从事创造性活动的人。后现代主义的中心思想是社会建构论,它把知识看作社会结构的产物,而非对现实的反映。在这一背景下,后现代思潮大力提倡人类的创新,打破传统思维模式,寻找新的有价值的世界观;在社会生活的范畴内创造人生的价值意义,创造人与自然、人与人之间的差异以及人与社会的新型关系。

第三节 科学知识生产的新特征

知识生产就像物质生产一样,包括由谁生产、生产什么、如何生产,以及生产的环境、报酬机制、生产管理机制等。从广义上说,知识生产是知识生产活动的主体、语境、性质、组织和规范等组成的综合体。随着工业革命和知识经济的快速发展,经济、社会、科学都得到了极大的发展,知识的积累和生产的模式也发生了变化。今天,以"知识生产模式2"为代表的新型知识生产模式,已经完全颠覆了传统的知识生产模式,在新的社会环境下,知识的生产模式也在发生改变以适应社会发展。

一、知识生产的语境依赖性

新的知识生产不是闭门造车,而是一个复杂的社会活动,甚至是一个复杂的社会工程。我们始终无法脱离自身所处的社会环境,而科学知识的生产也是在不断变化的环境中适应着社会的变迁。我们正处在知识经济时代,知识生产有着很强的语境依赖性。知识生产必须与时代要求相适应,知识生产在推动人类社会发展方面有不可替代的作用。知识经济时代的到来,使知识在社会中的地位和作用都发生了变化。传统产业技术是以技术创新为主导,单一地、尽可能充分地使用资源,以获得最大利益,而社会发展则是建立在资源无限、环境容量无限的基础之上,即建立在掠夺大自然的基础之上。而现今的知识经济,则是建立在高科技、科技与人文相结合的基础上,体现了人类对自然和人文社会科学的全面理解。知识经济时代把科学、合理、综合作为指导思想,有效地使用可获得的资源。新的科技生产就是通过开发未被利用的丰富的自然资源,以替代已经接近枯竭的稀有自然资源,从而达到经济的高度效用化。在知识经济时代,知识也是一种商品。为谁生产知识、生产什么样的知识、怎样生产知识、在哪里生产、由谁生产等问题决定了知识生产的各个方面。每个领域的知识产生就都要在其自身的语境下不断地增长。知识经济的新阶段,必须建立健全的政府规制,调节知识生产市场体系,正确地解决知识生产体系与机制之间的矛盾,促进知识生产健康发展。在这样的社会背景下,商品化的知识生产就是一个值得我们重视的问题。知识生产的新特征是社会、经济、文化发展的必然结果,同时,知识的生产也离不开社会、经济、文化的语境。

二、知识生产走向市场化

知识生产"模式2"的一个重要理论就是知识进入市场

(赵鑫,2010)。关于知识进入市场的主要观点有四个:第一,知识生产模式更加开放,知识更加系统化,在演化的进程中,其复杂性和不确定性不断增长。第二,一种"逆向沟通"的过程正在改变着科学,用最通俗的话来说,即"语境化"。第三,语境化是指把科学从可靠的科学领域中带出来,使其成为一个更为活跃的知识生产过程。这种变化使得科学进入了一个被我们称作"市场"的公众领域,从而引发了对科学和社会的积极讨论。第四,从市场角度来看,支持者能够表达出他们的意愿和关注,并且能够为科研活动筹集资金,这就意味着他们在科学和技术方面扮演了更为复杂的角色。

三、知识生产的组织异质性

知识生产方式因其多样化而表现出多种类型的组织特征。不同的知识生产组织特性是不一样的。已有的知识生产都是按照学科来进行的,如物理、化学、心理学和社会学等,尽管各个学科的研究范围和方法不同,但各个学科所涉及的组织架构大体一致,且有相似的组织规范。而新的知识生产则不尽相同。新的知识生产应该按照项目不同进行分类,每个项目都是一个组织。新的知识生产是由很多不同的组织组成的,每个组织都有其自身的特点,但它们在知识生产过程中要根据新组织的义务和职责,不断地调整自身的特性以满足知识生产的需要。知识生产"模式2"的研究目标,使我们更加关注成果,而非研究假设。在知识生产过程中,我们更多地关注某一问题的成果,以及不同的学者所具有的知识背景,因而对问题的看法也不尽相同。

四、知识生产的多学科性

由"模式1"到"模式2",大学的知识生产领域由封闭的大学走向极为开放的整个社会,需要解决的问题由单一学科转向跨学科,研究情境也从纯粹的学术语境向应用语境转变,呈现出知识生产主体的异质性、生产场所的多元化等特点,知识生产的质量评判的标准也从单一的同行评审向多元的社会组织评估转变。"模式2"具有五大特点:知识生产的应用语境、知识生产走向市场化、跨学科的生产方式、组织的异质性与多样性、社会责任与反思并存的质量管理体系。在"模式2"的知识生产中,科学界将由原本泾渭分明的专业分工逐渐向科技一体化迈进。或许这将引发一场新的"科技复兴",它反映了一种基于变革工具、复杂系统数学,以及从微观到全面的技术观,而人类也将迎来一个革新与繁荣的时期,这也是人类社会进化的一个重要转折点。

五、知识生产的社会责任性

科技正在成为一个强大的机制并以不同的方式对人类的生活产生诸多影响。同时,科技也受到各种社会力量共同作用的影响。私人与公共、自然与社会的界限越来越受到科技发展的挑战。在知识经济时代,"专家"与"权利"并非自发的,也不是不言自明的。为了维护自身的地位和权利,相关部门应该制定相应的法律法规以面对公众的漠视和质疑或法律上的挑战。

第二章 知识生产模式的演进与特征

本章小结

库恩（Kuhn，1962）在《科学革命的结构》中指出，科学革命并非循序渐进的积累，而是一种结构性的"范式转换"，以新的方式重构研究方式，改变一些最基本的理论，以及重塑研究领域中的应用方法。库恩还指出，过去的模式一直存在着严重的危机，无法解释和解决科学研究中的一系列新的实践和问题，因此，科学家们对原来的模式失去了信心，而把其他的选择和传统的模式强加给科学工作的限制也在不同的研究领域得到了突破；新的理论范式在对比的基础上逐渐成形，它完全摒弃了原来的模式，逐渐发展成为更具说服力的新模式，例如新问题、新理论、新方法、新的研究范例。这一新的模式并非对原来的范式进行精练或扩充，而是从一个新的层面上"重构"，从而改变了该领域的基本理论、方法乃至学科的设置与教学模式。

以往的知识生产方式都是建立在单一学科领域，以学科内的现象和问题为主要研究对象，强调学科存在的界限和独立性，而跨学科的出现则有效地处理了单一学科领域无法处理的问题。这是知识生产过程中前所未有的新阶段。因为世界一切事物是普遍存在联系的，所以，可以强调用系统、全局的观点和系统思维来审视和处理问题，把复杂学科的基本原理和实际的载体结合起来，从而形成了跨学科的研究。跨学科的知识体系已经成为推动科技创新，特别是重大研究成果的关键因素。大学、产业、政府等部门建立了更为制度化的体制结构，以保证人才、政策和信息等创新要素的配置，从而实现基础研究、应用研究和发展研究的有机结合。同时，三个主体纵向发展，又能维持相对独立的地位，提升了创新能力和知识生产的效益。

以大学为中心的知识生产范式（"模式1"）正被"新知识生产模式"（"模式2"）所替代。从"模式1"向"模式2"延伸，大学的知识生产领域由封闭的大学向完全开放的全社会拓展，需要解决的问题由高学科化转向跨学科化，研究情境也从纯粹的学术环境向实际的环境转变，具有知识生产主体的异质性、生产场所的多元化等特点，品质评判的标准也从单一的同行评审向多元的社会组织评估转变。换言之，"模式2"有五大特点：知识生产的应用场景、知识生产走向市场化超学科的生产、组织的异质性和多样性、社会责任和反思。在此过程中，科学界将进入一个分水岭，由原本泾渭分明的专业分工逐渐向一体化迈进。或许这将引发一场新的"科技复兴"，它反映了一种基于变革工具、复杂系统数学，以及从微观到宏观的综合技术观点，而人类也将迎来一个革新与繁荣的时期，这也是人类社会发展的一个重要转折点。

本章阐述了知识生产模式的转变过程和知识生产出现的新特征。知识对产业管理活动有着极其重要的作用，主要反映在知识可以提升某一产业的价值，并获得持续的竞争优势；知识生产是在一定环境背景下基于人际互动的社会认知过程，知识生产是人们运用大脑智能来发明、发现、创造各种新思想、新观点、新理念与新方法的社会性活动；知识生产模式是知识生产活动的语境、性质、主体、组织和规范等的综合体。知识生产模式的转变既有科学自身发展的内在逻辑，也受到科技、经济与社会文化发展的时代潮流影响。

第三章 知识生产模式与产学研合作

知识是产学研合作中的核心要素,因为产学研合作的过程是知识流动和发生质变的过程,产学研合作的主体加速默会知识的生成和流动,产学研合作的资源配置为技术创新和知识生产提供保障。产学研合作的知识生产模式符合现代知识经济的发展需要。我们可以将大学、企业、科研机构等各个部门整合在一起,组成一个新型的合作机构,将各方面的优势资源进行整合,以弥补各方面的不足,实现技术的创新和知识的生产。我们可以运用已有的经典理论,如企业知识理论、三重螺旋理论和知识的新生产理论来分析产学之间复杂的知识关系。大学存在的本质在于它是创造知识的实体,企业和其他组织的异质性决定了企业的边界和组织间的知识合作,大学是企业最重要的合作者。受其异质性知识耦合的作用,知识生产模式视角的产学研合作动力主要包括市场的驱动力、政府的调控力、资金的支撑力、文化的感染力、发展自我的原动力这五个方面的动力。知识生产模式变革下产学研合作的表现形式有产学研跨组织合作、多学科视角下的产学研合作、产学研的知识生产过程互动与开放,以及产学研的知识生产弥散性。

第一节 知识是产学研合作的核心

知识不同于数据、信息和智慧,知识是事实和经验的综合体，它是最重要的经济资源。知识是企业最重要的、宝贵的战略性资源，在社会生产、生活的各个部门都发挥着举足轻重的作用。大学和企业是知识社会中最重要的两大知识生产和创新的组织，产学研合作是一项复杂精密的生产活动。产学研合作的核心要素是知识，原因如下。

一、知识是企业创新的根本和最重要的战略性资源

知识既是一种资源，也是一种能力。知识生产不是简单的创造和使用知识资源的集中体现，而是与企业内部的组织结构和外部环境密切相关。企业和其他组织的异质性使企业在生产过程中的知识性质和知识的积累与其他组织如大学、科研机构等存在很大的差异。因此，企业的首要任务是让知识能在组织成员之间转移、交流与共享。企业需要不断地对核心知识进行积累，从而不断地获得超额利润和竞争优势。企业知识积累的能力主要侧重在技能、技术和产品、工艺领域，更重要的是充分挖掘组织资本和社会资本以及难以被竞争对手模仿的隐性知识。隐性知识是企业提高创新能力、获得长期竞争优势的最深层的核心因素。在充满着不确定性的当今经济体系中，持续确保竞争优势的根源在于维持知识的战略性竞争地位。

二、产学研合作的过程是知识流动和发生质变的形成过程

知识不像厂房、设备、土地等固定资产那样具有很强的排他性，知识作为一种经济物品能被很多企业同时使用，而且知识共享的人越多，知识的价值越大。企业知识创新的核心活动就是将个人的知识转化为组织的知识，并在内部实现

共享。组织中的知识创新，经由共同化、外化、连接化、内化这四种基本模式，形成了一个"知识螺旋"的知识进化过程。在产学研合作实施过程中，各部门的科研人员围绕既定的目标开展技术研发工作。这些人员都是经过严格的专业培训的高素质人才，所用的技术装备和理论基础都是前人知识成果的结晶。产学研合作过程与知识密不可分，是知识快速流通、产生质变的重要环节。产学研的合作成果不仅包括实物产品，还包括专利、高新技术、理论发现等知识成果。

三、产学研合作的主体加速知识的生成和流动

知识的存在具有累积性，知识流通是永不止歇的过程，这表明，知识和知识生产具有社会性。任何知识都在具体社会语境下生产、流通、传承。社会的形成和社会互动的展开，或者说，知识生产的社会主体及其互动所形成的群体，是知识生产和流通的前提条件。产学研主体主要包括高校、科研机构、政府、企业和其他社会团体等，不管是哪个部门，都是知识的聚集之地。在知识创新过程中，企业一方面要对内部的技术、知识进行不断的开发和利用，不断地对知识进行更新换代；另一方面，企业还要善于不断地发现有价值的外部知识源、积极地吸收外部知识、不断地提高学习能力。至于科研机构、企业、政府等部门，其在技术研发、政策制定、宏观调控等方面无疑是知识应用的典范，而在产学研结合的组织里，默会的知识的生产和流通变得更为激烈（陶丽婷，2018）。

四、产学研合作的资源配置为技术创新和知识生产提供保障

大学是企业最重要的外部知识源,对高技术企业来说更是如此,企业不仅要从大学获得高素质的知识人力资本,还要获得公开的科技知识、专利知识等。企业与大学是生产知识的合作主体,由于知识边界的限制,企业必然会和大学等知识机构进行广泛的合作和交流。产学研合作是多机构、多学科甚至多领域的协作,必须要有很高的协调能力和科学的管理知识,才能最大限度地发挥各主体的资源优势,合理部署相关的人员、资金、任务等,并进行合理的配置,只有这样才能使科研院所的工作效率超过各部门的总和,才能确保产学研合作朝预定的目标迈进,并最终有效率地实现。

随着知识的传播与运用,知识的作用不断增强,逐渐向经济、社会的中心发展,产学研合作已成为一种重要的知识生产方式,对国家经济、科技、综合竞争力都起着至关重要的作用。高校、企业、科研院所等机构通过产学研合作来进行知识生产,不仅是为了适应全球经济的激烈竞争,而且顺应了知识生产的发展特点。在知识经济时代,企业的科技创新活动将会产生很大的利益。产学研合作的主体各自的特征决定了知识生产的职能需要以产学研合作的方式进行。高校和科研院所具有丰富的智力资源和知识储备,但是它们注重的是基础研究而非应用研究,知识成果在实际应用中所占比重较低,对市场的认识不足,研究成果与市场需求不相适应。对于企业而言,它们有充足的市场信息,了解市场的技术需要,但由于技术储备和研究人员的限制,无法开展科研和技术创新。因此,产学研合作的知识生产方式符合现代知识经济的发展需要。我们可以将大学、企业、科研机构等各

个部门整合在一起，组成一个新型的合作机构，将各方面的优势资源进行整合，以弥补各方面的不足，更好地实现技术的创新和知识的生产。

第二节　基于知识生产的产学研合作相关理论

在最近几十年，学术界提出了大量概念和理论模型，试图分析产学之间复杂的知识关系，已有的经典理论主要有三大方面：企业知识理论、三重螺旋理论和知识的新生产理论。

一、企业知识理论

企业知识理论是知识经济时代产生的一种全新理论，在知识经济的背景下，它对企业的本质特征和行为进行了一次新的阐释。典型的企业知识理论主要分为两大类：知识基础型和知识创新型。知识基础型理论是把知识看作企业的一种重要资源，认为知识可以增加企业产品的附加值，并获得持续的竞争优势，该理论的代表人物为 Grant；知识创新理论则认为，企业的首要任务是创造和利用知识，企业的知识创造遵循知识螺旋的规律，而知识创造则是基于特定的"场"，该理论的代表人物为 Nonaka。

（一）企业存在的本质在于它是创造知识的实体

企业的资源不仅包括厂房、设备、土地等物质资源，还包括人力、资本、知识等非物质资源，其中最重要的资源就是知识。企业知识理论认为，企业是知识的生产与利用的系统，企业的运营，实质上是一个获取、吸收和利用知识的过程，一个共享、转移和创造的学习体系。企业之所以存在，是因为其不断地创造、整合和使用特定的知识。企业的首要任务是通过整合个人的专业知识，使其能够在各成员之间进行转移、交流和共享。企业通过持续地积累核心知识，以获取持续的超额利润和竞争优势。企业的知识累积能力集中体现在整合各种技能、技术、产品、工艺领域的知识要素，并充分利用这些隐性知识。这些知识是企业提高创新能力、获得长期竞争优势的关键。企业的知识配置、整合和利用，是企业的核心竞争力，它决定了企业的资源优化、开发乃至创造未来机会的能力，进而影响企业的有序、协调、高质量、可持续发展。

（二）企业和其他组织的异质性决定了企业的边界和组织间的知识合作

企业知识理论认为，企业与其他组织之间存在着异质性，这是因为企业的知识属性和知识积累与其他组织机构、科研机构不同。知识是一种资源，也是一种能力，它并不是单纯的知识资源的集合，它还与企业的组织和外部环境有着千丝万缕的关系。因此，企业知识理论对组织资本与社会资本的研究尤为重视。组织资本是企业在履行组织任务的过程中所表现出的各种能力的集合，而社会资本是一个组织与外部环境的联系、互动和合作的资源获取、整合和利用的能力。组织资本与知识的某一方面相对应，而社会资本则与某一方面的知识相对应。实质上，这两种类型的隐性知识构成了企业的核心竞争力。

（三）大学是企业最重要的合作者

知识不像厂房、设备、土地等固定资产那样具有很强的排他性，知识作为一种经济物品能被很多企业同时使用，而且知识共享的人越多，知识的价值越大。在知识创新过程中，企业一方面要对内部的技术知识进行不断的开发和利用，不断地对知识进行更新换代；另一方面，企业还要善于发现有价值的外部知识源、积极地吸收外部知识、不断地提高学习能力。企业知识理论认为，大学往往是企业最重要的外部知识源，尤其是对高技术企业更是如此，企业不仅要从大学获得高素质的知识人力资本，还要获得公开的科技知识、专利知识和重要的研究人员等。企业是生产知识的辩证实体，由于知识边界的限制，企业必然会和大学等知识机构进行广泛的合作和交流。企业对知识的内部共享和外部专有的独特性，以及企业通过独占知识来获得经济利润的行为，正好是企业理论必须要解决的问题，企业知识理论将企业看作一种关于知识的制度。

二、三重螺旋理论

（一）三重螺旋理论本质

"三重螺旋"是知识经济时代的一种新型创新方式，由美国和荷兰两位学者共同研究，通过对国家创新体系、知识生产"模式"进行剖析，得出了"大学、产业、政府"三个层次的创新模式。三重螺旋理论实质上是指以政府参与为基础，在不同的制度安排下的产学间的知识关系，即大学、企业是两种不同类型的知识生产者，它们在政府职能和制度安排下，形成了不同的知识关系。知识经济时代，高校、企业和政府之间应该协同合作，促进知识生产、应用、创新，促进创新体系的发展。高校、企业和政府三方成为创新体系的核心,它们之间有着明确的分工和协作。三方的协同发展常常由知识的生产、传播和应用联系在一起,通过科学的制度安排和组织结构设计,三方相互作用形成"三重螺旋",以此达到三方资源的共享和信息的充分沟通,发挥出最大的作用(甘清秋,2022)。

(二)政、校、企三者的相互作用是创新能力提高的重要途径

三重螺旋理论指出,大学、企业和政府之间的互动关系是知识经济中提升创新能力的一个重要手段。三重螺旋模型说明了大学、企业、政府三个层面的合作创新,以及它们之间的新技术发展与知识转让的关系。三重螺旋式的观点是,高校应该积极地与企业结成战略伙伴关系,政府应当大力支持和鼓励这种关系的形成和发展,并通过税收、财政等积极的方式来促进高校与企业的发展。三重螺旋理论认为,高校虽然不是企业组织,但是在某些功能方面具有一定的企业组织特征,即高校与企业之间的界限发生了交迭,知识功能开始交汇。然而,高校在与企业互动的过程中,仍要保持相对独立的组织边界。

(三)对产学知识关系的影响

大学作为一个重要的社会机构,其在经济发展中扮演着越来越重要的角色。20世纪中期,在洪堡教授的倡导下,德国柏林大学成立,并率先对大学的功能进行重大变革,把高校作为知识创新的源头。这被称为第一次学术革命期,认为教师不仅要开展教育教学,还要参与知识的生产和创造。第二次学术革命源于知识经济时代创业型大学的出现,此时的

大学承担了更多的社会服务任务,大学的社会地位也随之发生了巨大的变化,大学、企业、政府成为同等重要的社会组织,这是社会地位平等化的结果,三螺旋的创新模式应运而生。大学创业职能的出现对大学的社会服务产生了深远的影响:一方面,大学通过其传统的教育、科研职能,为产业界培养高素质的人力资源,开放科学知识;另一方面,高校也积极地利用自身的科研成果参与传统产业的改造和升级。同时,大学也鼓励科研工作者开展创业,以此来推动地区经济发展,为企业提供新的动力,创造新的产业。在知识经济的背景下,大学的知识功能在原有的知识储存、生产和传播的基础上,增加了新的知识创业功能。知识已经取代了自然资源、资本等生产要素的重要地位,大学也正在从知识传播和生产者向知识企业家转型,并最终发展成为一个与企业、政府同等重要的社会组织。历史上的两次学术革命使大学从知识储存与传播组织向新的知识生产型组织演变,进而成为知识应用组织。从根本上说,大学与企业间的互动关系是提升国家自主创新能力的重要因素。

三、知识的新生产理论

知识的新生产理论是描述新型产学跨组织知识生产的典型理论,它以吉本斯和齐曼为代表。吉本斯将知识的新生产称为"模式2",齐曼所倡导的"后学院科学"与新的知识生产有异曲同工之处。1810年,柏林大学提倡"学术自由"和"教学与科研",这意味着以学科组织基础的知识生产体系的确立、学术组织的制度化,它改变了19世纪以前的科学范式,知识的生产模式发生了重大变革,原来在学科内部的知识生产"模式1"演变成为跨学科、跨组织的新生产"模式2"。

（一）大学面临跨组织的新知识生产模式的变革

在第一次学术革命以前，大学的主要功能就是教育，也就是利用知识的储备来培养学生，但这样的人才培养模式单一，较少考虑企业、社会和经济发展的需要。然而，在第二次学术革命之后，大学具备了教育和科研的双重功能，高校的职能结构由此发生了变化，知识生产的新时期也随之而来。大学要面对新的知识生产方式的转变，要建立跨学科、跨组织的课程与系所，例如生物信息学、生物芯片课程等。为了满足企业、经济的发展，大学要与企业密切配合，既要培养高素质的应用型人才，又要为行业提供科学知识和应用性工程的专业知识。

（二）大学的知识生产应强调其运用的环境、注重企业的实际需求

过去，大学大多采用以基础研究为主的科研模式，并将学术成果的发表作为衡量绩效的主要依据，而忽视了实践中的知识产出，但在知识生产的新模式背景下，大学越来越重视对知识的需要层面的认知与考察。大学在关注企业的现实需求时，企业也在增加研发外包的比例，这就推动了大学的知识生产越发侧重企业的实际需求。

（三）企业必须从事一定的基础研究才能强化和大学的交流机会与合作能力

在知识生产方面，由于能力的异质性与组织形态的多元化，大学和企业在知识生产方面必须扩大知识交互的接口。开展以合作研究为主的知识生产在大学兴起并成为大学知识生产与创新的重要模式之一。这给产学研合作提出了新的要

求,企业只有从事一定比例的基础研究,才能具备鉴别、评估与吸收最新科学知识的能力,或通过技术转移、专利许可、出售等方式与大学进行合作,才能强化和大学的交流机会与合作能力。

第三节 知识生产模式视角的产学研合作动因

知识生产的最基本的驱动力是对利益的追逐和对创新的追求。知识生产的二元动力既要受到市场的"看不见的手"的支配,同时又受到人类创新意识的"看不见的头"的制约。基于知识生产模型的产学研合作动力主要包括以下五个方面的驱动因素。

一、市场的驱动力

市场是商业知识的源泉,是人类文化的一种重要表现形式,是科学知识得以充分发挥价值的主要阵地。在知识经济全球化的今天,组织间的竞争日益加剧,组织面临着巨大的竞争压力。一方面需要拓展自身的发展空间,另一方面需要扩展各自的资源。例如,大学关注资本、人力、市场与信息等,而企业关注知识、人力和技术等。大学与企业在资源上有很强的互补性,这样的互补效果正好可以满足广大消费者甚至是社会经济发展的需求。在市场与利益的驱使下,双方通过知识交易,展开了各种形式的合作。由于双方利益的认同的差异,合作的力度和方向不尽相同,但是,只要不存在不可调解的严重冲突,特别是在双方最基本的、最重大的利益没有发生重大冲突的情况下,合作双方都会舍弃一些相对较小的利益,以保障双方的利益(秦军,2011)。

二、政府的调控力

作为异质知识体系的产学双方,是居于同一个主体层次的社会组织,尽管市场可以在某种程度上以利益为动力促使两者进行合作,但这些种合作往往缺少战略性和长期性,同时也存在着市场失灵的问题。在知识层面上,政府所掌握的知识主要来自各类社会资源及其相互关系的理论与实践。政府可以从战略层面和国家目标两个方面来综合考虑资源的合理分配。因此,政府在产学研合作方面做出的贡献就是推动各类知识的有效结合,形成核心能力。在宏观上,政府对产学研合作的调控方式表现为指导、扶持、牵引和干预等,在具体调控手段上则包括行政管理、经济调控和制定法律法规等。

三、资金的支撑力

在大科学时代,科技创新往往通过各种知识的耦合,解决经济和社会发展中的实际问题。有别于小科学时期的科研,现代科学研究往往需要先进的仪器,并且面临着更大的失败风险。在产学研合作方面,需要针对创新的不同阶段,采取不同的方式和机制支持产学研合作,建立健全的风险投资制度,拓宽融资渠道。这些都是促进和保障产学合作创新顺利进行的重要因素。目前,各国都对此进行了各种尝试与探索,并逐渐建立起较为稳固的融资渠道,例如"匹配资金""科学基金""风险基金"等,但更重要的是健全金融市场,促进产学研合作与创新。

四、文化的感染力

文化对生存于其中的活动主体有着潜移默化的影响。大学与企业之间的异质性知识融合，既是一种经济行为，更是一种文化（知识）创新行为；而文化（知识）的产生，必须是在特定的文化背景下进行。从微观层面看，特定的文化形成了一种特殊的思维模式，并且会对知识的结合产生了深远的影响。从宏观的角度来看，尽管促进产学研合作的内在动力可能源于经济因素，但若缺乏创新文化与协作精神，产学研合作动力就很难在较长时间内得以充分发挥。同时，若合作各方有强烈的推进科技进步的责任感、推动社会经济发展的使命感和实现社会价值的意识，合作各方就会以高度的热情，积极利用所有可用的资源，竭尽全力地克服各种困难，推进合作走向更高阶段和层次（孙杰，2016）。

五、发展自我的原动力

在产学研合作中，由于双方知识的异质性，合作双方可以互相学习，不断地更新和扩展自己的知识，提高自身的创新能力和拓展空间。这种以合作促发展的效应是产学研合作的原动力。如果合作双方内部没有追求发展的内在期望，那么，无论是政府调控、市场驱动还是文化环境的诱导等因素，都将很难由外部因素转变为创新主体的内部发展动力。

第四节　知识生产模式变革下产学研合作的表现形式

现代知识生产模式的变革导致了知识生产的结构要素的

改变，主要体现在以下五个方面：第一，知识存量大量增加。知识生产是一个历史进程，在历史的长河中，知识的总量会随着历史的发展而积累和扩展。第二，知识生产者数量大幅增加。随着健康事业的不断发展，近代以来，全球人口迅速增长，知识生产的主体随之增多，知识储备也大量增加。第三，认知工具不断发展。认知工具，也就是知识的生产工具。知识的生产离不开生产工具的支持，例如大型天文望远镜、高精度显微镜、大型电子计算机等实物生产资料的应用，极大地改变了人们的知识生产方式，扩大了知识生产的领域和层次。第四，认知方法改进。新的认知方法包括逻辑方法、非逻辑方法、实验方法和实证方法等，这些方法的出现和应用，提高了知识生产的准确性和有效性。第五，知识生产组织管理的改进。知识生产从个人主导发展到个人与团体生产并存，更重视知识生产的高效管理，并以协作的形式产生新知识。知识生产模式变革中的产学研合作实质上是知识资源的分配，是知识生产、传播、融合、应用的活动，主要体现在知识、资源、组织和制度四个方面的融合和优化。

一、产学研跨组织合作

从工业社会到知识社会和风险社会的发展，使单独的个体或组织在竞争中难以抵抗外部风险和维持自身的竞争优势，因此，合作成为个人或组织获得持续竞争力的生存方式。跨组织间的知识合作可以将相对分散的科研资源进行有效的整合，从而更好地利用各自的知识优势和资源优势，协同提高研究资源的竞争能力。那么，跨组织知识合作的逻辑起点在哪里？答案是始于需求。知识的传播、转移、扩散和创新是知识的主要来源。对于创新企业来说,通过跨组织的知识方式获取外部的信息,对于企业的快速的转变显得至关重要。跨组织、跨边界的知识的吸收和集成既能提升知识生产力,还能够加强对环境和伙伴的动态演变的控制。通过跨组织合作,各组织之间以交易、互补、协同等方式紧密结合,创造出更高的创新价值。产学研跨组织合作,既是企业获得大学知识的途径,也是企业科研工作者与大学教师的交流与协作,为企业提供了一个全面的学习和创新环境。跨组织间的协作需要建立一个长期的协作机制,而企业间的组织承诺也是获取竞争优势的关键。

二、多学科视角下的产学研合作

现代科学技术具有高度分化、高度协调、一体化的特点,应用技术的发展依赖于基础科学理论的突破;许多重要的科学问题需要不同相关领域的基础科研工作者的共同努力。学科协作与大学的办学理念和发展目标紧密结合,从事应用研究的人员与基础领域的研究人员保持紧密的合作关系,形成广泛的学科交叉地带,促进新的产业集群的兴起。多学科视野下的产学研合作,其原因主要有两个方面:一是单一学科知识产出的不完全。由于资源、技术和人力资源的交流越来越频繁,产学研合作也在朝着一个共同的研究目的而开展科技合作,例如太空项目和人类遗传工程。科学研究中的各个学科、各个系统之间存在着关联,这使得知识的协同生产成为可能。事实上,德国科学家普朗克对知识内部的统一性进行了清楚的论述:科学是内在的统一体。它被分解为单独的部门并不是因为事物的本质,而是因为人类认知能力的局限性(顾基发,1998)。事实上,从物理学到化学,再到生物学、人类学和社会科学,都是一个连贯的过程。而且,现代社会所面对的许多问题,不能以一门学科的知识或与理论上的预设来解释,这些问题只有通过知识生产者的协作才能得到有效的解决。学科之间的知识协作通过各学科之间的交流和沟通得以实现,在以项目为中心的学科团队中,来自不同学科间的科研工作者根据自身的专业特点提出各自的见解;通过系统的组织结构设计对学科进行重构,形成可以获取共同知识和价值观的知识基础,并使不同文化背景的研究者能够在交流过程中建立起相互交流的语言体系,从而把不同学科的知识融汇贯通,形成产学研知识的融合(吕晓赞,2020)。

三、产学研的知识互动

知识的生产是在人与人、人与环境(真实环境与建构环境)沟通的过程中进行的。知识的协同生产是由感性认知向理性认知转变,是由发现现象到发现实质的过程。互动是知识协同生产的一个主要特点,同时也是个人之间的信息和知识交流的有效途径。协调组织成员对问题的思考和交流,能够启发、激励成员修正现有的研究理论中存在的问题,从而实现信息和知识互补,进一步发生连锁反应,产生更多的新观点。同时,有效的交流还能增进彼此的了解与信任,促进个体更清楚地认识主体之间的权利与责任,并逐步在认识到个人的专长后,实现知识的有效传递与分享。交互是集体协作行为的一种机制。大学与其他组织之间的知识互动,可以促进知识的共享,提高资源使用的效率,使组织成员快速方便地获取所需的信息,避免重复的知识生产,并能更快地发掘所需的专业知识,增强其在科学研究中的应用能力,让所

第三章 知识生产模式与产学研合作

有成员共享彼此的经验和技能,并在共同的指导思想下行动,使显性和隐性知识在组织层次和合作伙伴的组织中得以有效利用。

四、产学研的知识生产过程具有开放性

产学研的知识生产过程应该是开放的,这种知识生产的组织结构是开放的,学术气氛是开放的,评价机制也应该是多方参与的。在一个开放式的组织系统中,组织和个人都不能完全拥有所有的资源,而对研究资源的需求会导致组织与外部机构相互依存。协同合作可以使企业从既定的路径结构中解脱出来,形成竞争意识,并能够接受各种不同的学术意见。协同合作还可以使其他科研院所和大学之间形成互补的知识共享关系,大学可以在保持和发展现有的基础上发展自身资源,创造出一个整合互补的资源。协同合作可以降低知识生产的成本的同时,也因为互补资源的存在使得合作伙伴快速地走出科研困境,寻求新的发展机遇。

五、产学研的知识生产弥散性

产学研的知识生产具有社会弥散性,主要是因为知识本身具有"溢出效应",其特点是传播和扩散的能力很强。掌握知识的人员可以在社会和大学之间多向流动,使更多的社会个体和机构加强自己的生产能力。知识的传播则呈现出一种边缘扩散和螺旋上升的趋势。此外,协同组织中某一成员的知识增长能够推动组织整体的知识增长,并且组织内部的成员来源多元,能够将组织所获取的知识传播到组织内部。我国的大学和研究机构每年都会产生大量的知识,比如发明专利和科学文献,但是这些知识的应用率很低,国内的发明

专利的市场转化率不到 5%，这主要是因为大学在知识的生产中没有适合的社会定位，没有把知识的市场化和商业化应用的过程考虑在内，导致大学知识生产和市场需求不匹配，从而影响到国家自主创新能力的提高。也就是说，大学在与企业协作进行知识共享的同时，需要加强要素的互动，并开展有深度的信息交换。

本章小结

产学研主体主要包括高校、科研机构、政府、企业和其他社会团体等。不管是哪个部门，都是知识的聚集之地。就大学而言，它本身就是一个知识传承和传播机构，拥有完整的学科专业知识系统和无数的知识精英，这些共同构成了大学在知识领域的权威地位。至于科研机构、企业、政府等部门，其在技术研发、政策制定、宏观调控等各方面都有独到之处。产学研合作的成果不仅实物产品，还包括专利、高新技术、理论发现等。

产学研合作是多机构、多学科甚至多领域的协作，若要最大限度地发挥各方面的作用，并合理部署相关的人员、资金、任务等，这种合作必须要有很高的协调能力和科学的管理知识，只有这样才能最大限度地发挥各主体的资源优势，进行合理的配置，使科研院所的工作效率超过各部门的总和，确保产学研合作朝预定的目标推进并最终有效率地实现目标。

企业知识理论是知识经济时代产生的一种全新理论，在知识经济的背景下，它对企业的本质特征和行为进行了一次新的阐释。典型的企业知识理论主要分为两大类：知识基础型和知识创新型。知识基础理论把知识看作企业的一种重要资源,认为知识可以增加企业产品的附加值,并获得持续的竞争优势;知识创新理论则认为,企业的首要任务是创造和利用知识,企业的知识创造遵循知识螺旋的规律,而知识创造则是基于特定的"场"。

"三重螺旋"是知识经济时代的一种新型创新方式,该理论由美国和荷兰的两位学者共同提出。通过对国家创新体系、知识生产"模式"进行剖析,他们得出了"大学、产业、政府"三个层次的创新模式。三重螺旋理论实质上是指以政府参与为基础,在不同的制度安排下的产学间的知识关系,即大学、企业两种不同的知识生产者,它们在不同的政府职能和制度安排下,产生了不同的知识关系。知识经济时代,高校、企业和政府之间应该协同合作,促进知识生产、应用、创新,促进创新体系的发展。高校、企业和政府三方成为创新体系的核心,它们之间有着明确的分工和协作。三方的协同发展常常由知识的生产、传播和应用联系在一起,通过科学的制度安排和组织结构设计,三方相互作用,形成"三重螺旋",以此达到充分的资源共享和信息沟通,并发挥出合作的最大效益。

1810年,柏林大学提倡"学术自由"和"教学与科研",这意味着以学科组织为基础的知识生产体系的确立,也就是学术组织的制度化,它改变了19世纪以前的科学范式,意味着知识的生产模式发生了重大变革,原来在学科内部的知识生产"模式1"演变成为跨学科、跨组织的新知识生产"模式2"。知识生产"模式2"是描述新型产学跨组织知识生产的典型理论,它以吉本斯和齐曼为代表。吉本斯所说的知识生产"模式2"、齐曼所倡导的"后学院科学",

与新的知识生产有异曲同工之处。

知识生产的最基本的驱动力是对利益的追逐和对创新的追求。知识生产的二元动力既要受到市场"看不见的手"的支配，又要受到人类创新意识的"看不见的头"的制约。基于知识生产模型的产学研合作动力主要包括市场的驱动力、政府的调控力、资金的支撑力、文化的感染力、发展自我的原动力这五个方面。

现代知识生产模式的变革导致了知识生产的结构要素的改变。第一，知识存量大量增加。知识生产是一个历史进程，在历史的长河中，知识的总量会随着历史的发展而积累和扩展。第二，知识生产者数量大幅增加。随着人类健康事业的不断发展，近代以来，全球人口迅速增长，知识生产的主体随之增多，知识储备也大量增加。第三，认知工具不断发展。认知工具，也就是知识的生产工具。知识的生产离不开生产工具的支持，例如，大型天文望远镜、高精度显微镜、大型电子计算机等实物生产资料的应用，极大地改变了人们的知识生产方式，扩大了知识生产的领域和层次。第四，认知方法改进。新的认知方法包括逻辑方法、非逻辑方法、实验方法和实证方法等，这些方法的出现和应用，提高了知识生产的准确性和有效性。第五，知识生产组织管理改进。知识生产从个人主导发展到个人与团体生产并存，更重视知识生产的高效管理，并以协作的形式产生新知识。知识生产模式变革中的产学研合作实质上是知识资源的分配，是知识生产、传播、融合、应用的活动，主要体现在知识、资源、组织和制度四个方面的融合和优化。

第四章　知识生产模式变革的我国高校产学研合作分析

产学研合作的发展依赖于大学职能的逐步扩展和转变。"洪堡思想"自1810年诞生至今已经有两百多年的历史，大学从单纯注重教育到注重教育与科研并重，再到社会服务职能的转变，使大学的知识溢出到社会发展领域，也就是大学的知识发展和社会经济发展的密切结合。在不断探索和借鉴国外先进的产学研合作经验的基础上，我国高校产学研合作在促进科技成果转化、增强自主创新能力等方面形成了积极的发展态势：市场机制的调节功能得到增强，在产学研合作模式、组织形式等方面呈现出多样化的趋势，在政策、法规、制度、机制等方面不断完善。但是，在产学研合作的过程中也出现了很多新的问题，需要产学研参与者、政府和研究者共同去面对和解决。

第一节　我国高校产学研合作的产生与发展

一、产学研合作的历史演变

产学研合作的发展依赖于大学职能的逐步扩展和转变。"洪堡思想"自1810年诞生至今已经有两百多年的历史，大学功能走向教育与科学研究并重的"洪堡思想"被学术界公认为"产学研"关系的萌芽开端。"洪堡思想"起源于柏林大学，由德国政治家和语言学家威廉·冯·洪堡提出。"洪堡思想"的基本内涵是大学要实现学术自由、教学与科学研究的相统一。近百年来，大学的功能发展到了"教学"与"科研"两大功能。然而，那时的教育和研究仍然局限于"高墙大院""重学轻术"，并且将科技成果推广、应用、技术创新的责任全部推到了企业身上。受"洪堡思想"的影响，欧美等发达国家的高等教育实践活动日益深入，1862年颁布的《莫雷尔法案》赋予美国高校新的任务，即服务社会。同时，该议案也直接导致了与西欧传统大学区别开来的纯粹以"实用性"为目标的"赠地学院"的产生。1876年，美国约翰斯-霍普金斯大学创立，标志着美国高校的职能从单一的教学转向教学和科学研究并重。学校重视科研，在美国率先设立研究生院，开创了近代研究生教育制度，并创立了霍普金斯思想（彭林、Brent Jesiek，2021）。

（一）社会服务：从边缘走向了社会中心

1963年，美国加州大学的时任校长克尔在其《大学的功用》一书中明确指出，大学已经成为社会的"服务站"，因为知识的爆炸和社会经济的发展都离不开知识（克尔，1993）。美国康奈尔大学、威斯康星大学在20世纪70年代就提出了"为社区服务"的教育思想。自此，"服务"就与"教学""科研"并称高校三大职能。高校也因此逐渐走出象牙塔，并与社会建立密切的联系。第二次世界大战之后，美国政府为了保持其在世界的经济和军事强国的地位，加大了对科学技术的支持和管理力度，加强了对科研人员的培养力度，使美国的产学研结合得以全面展开。至于刘力认为，现代意义上的产学研合作是从20世纪50年代开始的，以美

第四章 知识生产模式变革的我国高校产学研合作分析

国斯坦福大学为代表的"特曼式大学"的建立为标志（刘力，2002）。高等教育在扩大其服务职能的同时，也从社会边缘走向了社会中心。

（二）工业社会发展中的组织创新：教育界与企业界的联盟

从 20 世纪 90 年代开始，大学在教学、科研、社会服务三方面的职能逐渐被社会所认可和大力提倡，产学研结合的理论与实践渐成规模，并成为一种国际思潮。随着工业社会发展水平的提高，高等教育与社会经济的融合与发展对高等教育的要求越来越高。由美国各界人士组成的"教育促进经济发展"专题研究小组在《为最优化而奋斗》一文中指出，教育的变革必须由教育、企业、政府人士合作、共同努力，其中以教育界与企业界的真诚合作为主。

（三）区域创新空间中的新形态——大学科技园区

美国高等教育学者克尔在《大学的功用》一书中指出，美国大学在经历"圈地运动"和"德国理智理论"之后，迎来了第二次"智慧之城"和"思维之城"的发展（克尔，2019）。所谓的"智慧之城"，指的是"高校科技园"。斯坦福大学创办的"硅谷"（亦称"斯坦福工业园"），是全球最早、最成功的大学科技园。大学科技园是大学、科研机构和生产机构聚集的地方，是促进区域经济发展的重要力量。

通过对产学研合作发展历程的分析，可以发现，高校早期的产学研合作主要源于大学功能的变化。大学从单纯注重教育到教育与科研并重，再到社会服务职能的转变，使大学的知识溢出到社会发展领域，大学的知识发展和社会经济发展密切结合。随着工业社会的不断发展,产学研的观念逐渐由"边缘化"向"中心化"转变,产学研的组织形态不断地发展和创新。

二、我国产学研合作的发展与成效

1958年,我国就提出了"产学研结合"的发展理念,并开展了大量的产学研合作,将行业、高校、科研单位纳入政府的统筹管理,并在此基础上,承担起社会主义工业化建设的重任,也完成了一系列的科研和技术创新。但是,受长期以来的计划经济体制和其他因素的影响,产学研合作的性质主要"以政府为主体",大学、企业、科研院所之间没有自主的合作权,也不具备自主的协作意识。直至中共十一届三中全会以后,中国实行了改革开放政策,逐步消除了行业和部门之间的制度壁垒,并逐步形成了市场经济制度,产学研合作才迅速发展起来。21世纪以来,受国家战略需求、经济转型和全球化竞争的影响,以及在技术创新等因素的驱动下,产学研合作已在全国范围内得到了推广和应用,并且产生了深刻的影响。通过数十年来不断探索和借鉴国外先进的产学研合作经验,我国高校产学研合作对促进科技成果转化、增强自主创新能力形成了积极的发展态势,主要表现为:产学研合作日益成为各方的内在需求和动力;产学研合作中,市场机制的调节功能得到强化;产学研合作的模式、组织形式等方面呈现出多样化的趋势;政策、法规、制度、机制等方面不断完善。但是,在产学研合作的过程中,也出现了很多新的问题,比如产学研合作缺乏互动、企业主体地位没有凸显、利益保障机制不完善等,这些问题需要产学研参与者、政府和研究者共同去面对和解决。我国的产学研合作发展可以分为以下四个阶段。

(一) 计划经济时期的产学研合作 (20世纪50年代到70年代末)

在这一阶段,新中国刚刚建立,我国借鉴苏联的经验建立了高度集中的中央计划管理的科技体制。在党和国家的号召下,各地高校、科研机构、企业纷纷开展了产学研的合作和探讨。当时国家科技系统的首要目标是服务于我国的工业化建设和国防事业并实施赶超发展战略,因此,整个科技活动是高度目标导向的。在运行机制上,计划经济条件下没有市场和价格,创新体系不同主体之间的协调和组织依靠的是上级部门的计划和命令,而科研机构之间并没有自由的合作。因此,这个阶段的产学研合作可以归纳为政府指令型。在国际背景下,新中国面对霸权国家的经济封锁,必须实现经济独立;从国家的需求来看,经济的恢复与发展,必须由国家统筹安排,关键技术的突破也要从国家的宏观调控入手。通过政府的指令,可以快速调动各方面的优势资源,进行联合攻关,实现产学研快速、便捷的协作(王玉晗,2016)。

这一时期国家创新体系建设的最大成就是改变了新中国成立之初科技资源十分稀缺、科技力量十分薄弱的状况。这种产学研结合的模式对我国经济、国防、科技的快速发展具有一定的促进作用,在服务工业化和国防建设过程中,我国的科技力量得到充分发展。但由于缺乏对产学研合作主体的个性化需求和现实状况的考虑,由于科研单位不能直接和企业沟通,研发出的技术不一定适合企业的需求,造成产学研合作缺乏活力和生机,难以形成协调、互补、共生的运行机制。

(二)产学研联合阶段(20世纪70年代末到80年代末)

经过长期的政府指令式发展后,我国的产学研合作逐渐走向市场化。1978年召开中共十一届三中全会以来,中国确定了改革开放的基本方针,把发展经济作为社会主义的首要任务,随后,计划经济体制逐渐瓦解。随着我国市场经济体制改革的不断深化,为我国高校开展产学研合作注入了新动力。1984年,国家教委组织的一个代表团对加拿大滑铁卢大学的合作办学进行了研究,发现合作教育是一种新型的人才培养方式,它可以充分利用社会和学校的各种资源和环境,把以理论学习为主的校园环境与以亲身体验为主要内容的社会实习教学环境结合起来,使学生综合素质得到提高,就业竞争能力得到加强。滑铁卢大学因其所培养的毕业生深受欧美国家市场经济的青睐,其办学实践也推动了传统教育理念的转变。对此,我国的教育主管部门表现出了浓厚的兴趣,并提议将滑铁卢大学的合作教育引入国内。处于改革开放前沿的上海很快响应了这一提议,并与加拿大滑铁卢大学达成了中加(中国、加拿大)上海合作教育项目的意向,确定将上海工程技术大学作为试点学校,制订了具体的合作计划,并拨出专门的经费支持合作项目的实施。1985年进行的中加合作教育项目的前期试点工作拉开了我国产学研合作探索的序幕。1989年2月,按照合作项目的要求正式启动,1992年项目试点完成并通过了验收,得到了国家领导人和专家的认可,这一项目在国内部分高校进行推广性试验(张豪,2016)。

这一阶段,高校与科研机构之间的合作更多地体现了合作主体间的迫切需求,不再单纯由政府指导与要求,产学研

第四章 知识生产模式变革的我国高校产学研合作分析

活动也被打上了市场经济的烙印。国企改革和发展非公有制经济，使企业的活力和生产热情得到了很大的提高，技术的需求量也越来越大。在此期间，我国的企业还没有进行高水平的技术创新与研发，研究与技术资源集中于大学和科研机构；大学、研究机构要想满足市场经济和自身发展的需求，也需要与企业开展合作。这反映了高等教育开放的时代要求，即观念的转变、模式的突破和教育的创新，高等教育要在现有的基础上不断地转变传统的教育模式，寻求新的发展与变革途径，为社会培养出适合自己的高素质的人才。企业与大学、科研院所开展产学研合作，不仅促进了企业的生产技术、经济效益发展，而且还提升了大学和科研院所的人才培养与科研能力，并产生了良好的社会和经济效益。

（三）产学研结合阶段（20世纪90年代到21世纪初）

1997年教育部发出了《关于开展产学研合作教育"九五"试点工作的通知》，组织北京、上海两市和农业部、煤炭部、机械部等10多个部委所属的27所高校开展试点工作。这表明，产学研合作教育已纳入我国教育教学改革的总体规划。至此，产学研合作教育这一概念正式形式（周伟，2002）。1998年8月29日颁布的《中华人民共和国高等教育法》第十一条明确指出，大学要面向社会，依法办学和实行民主管理。这其实也是政府在推动大学走向市场化的自主发展的道路。这一时期比较突出的研究成果主要有"工学交替模式""专科合作教育模式""多方位合作教育模式"和"研究生合作教育模式"等。1999年，教育部发布了《面向21世纪教育振兴行动计划》，明确提出要加强产学研合作，推动科技创新与高新技术产业的融合,推动高校和科研院所与企业在技术创新和发展高科技产业中的协同发展。

由产学研联合向产学研结合的转变,由项目合作向各主体长期合作转变,由高校、科研院所和企业的合作,向政府、中介机构等多方主体共同参与的转变,反映了政府和全社会对产学研合作创新认识的进一步深入。大学和研究机构积极参与到经济领域中,不但加强了与企业的项目合作,还开展了股份制公司、研发中心、中试基地等长期的经济活动,使双方能够深入了解彼此运作的体制机制,通过长期的合作促进共同发展,解决双方的利益矛盾点。

(四) 产学研用结合阶段(2003—2012年)

"产学研用结合"是随着高校规模的扩大而不断发展的,其发展既以数量为主,也以质量为导向。"产学研结合"推动了学校办学特色的形成,目前国内许多大学在市场经济体制改革的推进过程中及高等教育大众化的环境下感受到很大的压力,面临教学资源短缺、教学模式需要创新、教学设施亟须改进、资金投入不足、师资水平有待提高等困境。在这种情况下,越来越多的大学将"产学研"结合起来,借助校内外的各种资源来提升教学水平,并在一定程度上形成自己的特色。产学研合作创新发展还体现在不断探索新型产学研合作体制与保障机制、加强产学研合作实践平台建设、深化发展和创新多种产学研合作新模式,实现合作共赢。2010年7月颁布的《国家中长期教育改革与发展规划纲要(2010—2020年)》(以下简称《纲要》),将"产学研合作"列入了国家教育发展战略纲要。以创建"特色"为目标,这说明了政府和教育界对"产学研"的关注。这不仅为我国的科研工

第四章 知识生产模式变革的我国高校产学研合作分析

作开辟了广阔的发展空间,也为今后的产学研合作指明了方向。在未来的发展中,大学重点在于推进产学研合作的运行机制、实现形式和合作模式,持续研究和深入地探讨知识转移、技术转移和绩效评估,使大学在实施产学研合作的同时,提高人才培养质量,实现人才强国战略,促进产学研合作的创新发展。《纲要》共70条,其中就有6条主要阐述了有关产学研合作的内容。《纲要》第十九条指出,要推动我国研究生教育体制改革,实行产学研合作"双导师制";《纲要》第二十一条指出,要加强产学研合作,加快科技成果转化,提高社会服务水平;《纲要》第四十条指出,要健全具有中国特色的现代大学体系,加强社会协作,并积极探索设立"校委会"和"董事会",健全社会支持与监督学校发展的长效机制。

中国加入世界贸易组织(WTO)后,融入全球化的步伐越来越快,市场竞争也由单一企业的竞争转向了产业链的整合;其竞争领域已不再局限于单一的产品,而是在知识创新与技术创新上进行较量。由于我国的知识创新和技术创新主要是在大学和科研院所等领域产生,缺乏知识和技术创新的引导,因而难以实现产品的持续创新。随着我国科技创新体系的建立,构建技术创新体系成为我国创新型国家战略的一个重大转折点。所以,这一时期的产学研合作,越来越注重提高企业的自主创新能力,注重知识创新和技术创新的实用性。

(五)新时代产学研深度融合阶段(2012年至今)

经过一段时间的努力,我国自主创新制度的构建已初见成效,但总体效益仍然较差,缺乏高水平、原创性的科研成果,且年度转化比例较小,"孤岛效应"依然突出,技术创新的主体作用较弱,技术研发的重点领域不足。为促进科技与经济的融合,充分利用科技促进经济发展,增强企业的技术创新主体地位,提升我国创新系统的运行效率,2012年党的十八大报告明确提出要实施创新驱动发展战略。实施创新驱动发展战略,最根本的是要增强自主创新能力,最紧要的是破除体制机制障碍,最大限度解放和激发科技作为第一生产力所蕴藏的巨大潜能。2013年党的十八届三中全会审议通过了《中共中央关于全面深化改革若干重大问题的决定》,其中提出深化科技体制改革要"建立产学研协同创新机制,强化企业在技术创新中的主体地位";2016年,《"十三五"国家科技创新规划》提出要"建设高效协同国家创新体系";2018年党的十九大报告中明确指出,要"建立以企业为主体、市场为导向、产学研深度融合的技术创新体系"。促进产学研深度融合,既是构建我国技术创新体系的前提,也是实现创新驱动发展战略的关键,更是促进科技与产业融合发展、实现知识创新顺利传导、促进国家创新系统协调有效运转的内在需求(宋高旭,2020)。

　　随着我国经济体制改革和科技体制改革进入深水区,企业、高校、科研机构、科研机构、中介机构等方面要深入协同创新发展。产业层面体现为大中小企业协同发展,科技创新层面要破除制约与产业融合的思想障碍和制度藩篱。要实现产学研深度融合,需打破制度壁垒,构建产学研深度整合的长效机制。新时期产学研深度融合突出了综合性、创新性与网络性。高校、科研机构和企业都有自身的制度和运作规则,存在着不同的利益冲突和不同的价值观,因此,促进产学研的深度融合,仅凭企业、大学和科研单位很难达到,还需要政府、用户、金融机构和中介机构等众多主体深度参与和融合创新,构建平衡的创新生态,打破产学研深度融合的壁垒,激发创新主体的创新活力,从而通过资源分享与协作实现"1+1>2"的综合效益。

第二节 我国高校产学研合作的主要模式和特点

一、我国产学研合作的主要模式

产学研合作模式是企业、高校(或科研院所)为实现特定目的的具体行动方案。通过对国内外有关资料进行梳理和分析,本研究归纳出了目前国内高校产学研合作的主要模式有联合开发模式、人才联合培养模式、委托开发模式、科技园模式、技术转让模式、共建模式、产业技术联盟模式等。

(一)联合开发模式

项目联合开发是指双方凭借各自在技术、人才资源、实验设备、资金和其他领域的优势共同完成产品设计和技术研究,实现既定的合作目标。总体上,合作双方的互动性较强,技术信息和人员交流也比较密切,合作关系紧密,合作的成果通常由双方共同享有。合作研发的先决条件是要解决应用情境中特定的问题或者技术难题,而产学研合作各方的资源条件都无法单独承担和完成科研任务,需要双方共同努力,通过资源共享、人员重组、任务分解等手段来实现。在这种模式下,各成员之间的知识具有很强的互补性,并通过合作研发的方式来实现各机构之间的知识资源再分配,从而增强各成员的科技创新能力。这种合作模式不仅受市场的驱动,也有政府引导的作用。联合开发模式一般都是以课题为纽带,以课题组为依托,双方各派代表组成临时团队进行科研项目的开发。一方面,该模式具有清晰的目的性,能够有效地激发合作伙伴对特定的科研课题的研究热情,并能有效地发挥高校和科研机构的优势;另一方面,合作伙伴的时间周期短、合作关系松散,如果不能建立起一个稳定的团队,就会影响到双方的相互理解和知识的积累。

(二) 人才联合培养模式

人才联合培养,是指不同企业之间、企业和大学之间相互派遣技术人员到对方单位参观、座谈、学习,通过交流以获取最新的技术信息等。在此基础上,大学与企业之间开展产学研合作,旨在培养具备实际应用和创造精神的科研人员,大学、科研机构共同开展人才培养的活动,其主要途径是定向委托培养和合作教育。大学与企业合作,既可以满足企业对专业技术人员的需求,又可以让受教育者受到大学的学习环境的影响和学习模式的训练,有利于他们提高科研能力和开阔学术眼界。受教育者可以通过校企合作对企业发展现状有较深刻的认识,掌握市场的技术需求,有效地避免知识与实践相脱离,从而提高我国科技创新人才的培养质量,增强科技创新的实践水平。人才联合培养拓宽了企业技术人员的眼界,让他们能够学习国内和国际先进的产业技术,并提高自己的研究开发水平。

(三) 委托开发模式

委托开发模式是一个企业与另一企业或大学签订合作协

第四章 知识生产模式变革的我国高校产学研合作分析

议,共同开发一项或多项技术项目、产品项目;在一段时间内,由委托企业提供研发经费和设备,由大学组织科研人员进行项目技术攻关,最终合作双方共享或者转让技术成果。这种模式的出现,是因为企业在生产中遇到了急需解决的技术问题,或者是为了获得迫切需要掌握的技术,而企业自身的研究人员、研究水平、研究条件无法达到目标,于是企业将合作的重点转移到具有较高技术储备和较强研发能力的大学和研究机构,并将项目委托给相关的研究人员。当然,由于技术的发展、问题的复杂,委托方并不会把委托开发的科研课题局限于委托给大学,有时也会委托具有较高技术水平的企业进行开发,攻克技术难关。

(四)大学科技园模式

这种模式在国内较为普遍,多是以研究型的大学为依托,设立科技园区,园区内通常都有企业孵化基地,主要是进行技术研发和高新技术产品生产。通常大学拥有丰富的人才资源,企业、金融机构和中介机构纷纷进驻科技园区,形成知识集聚、合作形式多样化的局面,合作机制比较健全,这既有利于产学研结合,也有利于提高大学的社会影响力和人才培养质量。

(五)技术转让模式

这是一种通过技术的交易从而获得该技术的合作方式,包括技术转让、专利转让、专利许可等形式的技术合作。一般情况下,大学、研究机构在取得新技术和专利权后,与企业签署技术转移协议,将技术的使用权授予企业;这种方式既能为高校、科研单位提供大量的经济收益,又能为开发新的研究课题提供资金,同时也能缩短企业的技术创新周期,从而提升企业的生产效率。技术转让或专利授权是指合作一方允许另一方有偿或无偿使用自己的专有技术。专利许可还有交叉许可的情况,即合作各方允许对方有偿或无偿使用自己的专利技术。专利交叉许可可能实现技术资源的共享。技术转让模式可以为企业引入国际上最先进的技术、装备,降低研发费用,提升生产效率。在该模式中,双方的合作伙伴关系比较松散,合作周期短,且多注重短期利益。

(六) 共建模式

共建模式的主要参与方通常是在科研领域建立长期的伙伴关系,彼此之间相互依赖,有比较合理的管理和运作机制,权力、责任、利益关系相对清晰。企业以资金、场地、设备、营销等入股,大学、研究机构以科研成果、实验室及其设备、技术或部分资本入股。共建模式分为"共建实体模式"和"共建科研基地模式"两种。

(1) 共建实体模式。共建实体模式是指由双方联合建立研发基地、联合实验室、联合研发中心或者合资公司等。一般情况下,企业提供科研项目和合作经费,大学则提供科研人员、设备、技术和场地等,双方建立长期稳定的合作关系,双方都可以互派人员参与实体的经营管理,人员活动服从统一安排,合作成果也由双方共享。合作实体能够把企业、大学的科研人员、资金、科技资源等协调组织起来,共同完成研发任务,进一步深化双方的合作关系。

(2) 共建科研基地模式。共建科研基地模式是指由企业、科研机构、大学共同出资,共同建设科研基地。该模式能够充分利用高校、科研院所的先进实验设施,并充分发挥企业在技术开发和成果转化方面的优势,最大限度地弥补技术转移的不足。该模式弥补了联合攻关模式的不足,提高各合作单位创新的积极性,有利于企业的科研队伍建设。另外,研究中心的建设,也需要合作各方具有一致的合作目标和组织制度。由于科研基地的建立需要大量的资金,因此,这种模式对创新创业型中小企业的发展不利,更适合大型企业、科研院所和大学的合作共建。

(七) 产业技术联盟模式

产业技术联盟模式是指产业界相互分工和相互关联的一个或多个企业、高校、科研院所和中介机构为资源共享、开发技术、拓展市场等相同目标,通过科研、委托和相互代理等形式实施合作的一种新型产业组织形式。通常,产业技术联盟包括企业、大学、科研机构和中介机构在内。在该模式中,企业是核心成员。这种模式的主要目的是实现产学研合作和资源知识共享,提升企业的创新能力,所以该模式对经济发展影响深远。产业技术联盟模式或许是由市场驱动,或许是由政府引领。总的来说,该模式是以行业技术合作为核心,解决具有风险高、时间长、高资本,具有多个利益相关者和多个分享者的行业共性技术难题,政府在其发展过程中也具有非常重要的作用。

二、我国产学研合作的主要特点

结合我国产学研合作模式的相关理论研究和实践总结,可以概括出我国产学研合作的一些基本特点,主要有以下四点。

(一) 合作模式多样，新的模式不断涌现

我国的产学研合作规模发展实际上只有几十年的时间，目前正处在不断学习和摸索的过程中。学习、借鉴国外先进的产学研合作经验和典型模式丰富了我国产学研合作模式，促进了其创新与发展，使其形式更加多样。与此同时，企业、大学、政府和科研院所在合作的过程中也根据实际情况不断地进行改革与创新，在一定程度上拓展了我国产学研合作的选择性。合作模式的选择取决于合作各方的目标、能力、资源和意愿。不同的合作模式都有自己的优势和劣势，在选择合作模式时，仍然需要根据自己的特点来选择适合的合作方式。例如，技术开发能力强、技术吸收能力较强的企业，往往会采取多种形式的合作组织模式：对于一些非核心技术，其采用委托开发或联合开发模式，而对于一些核心技术，企业更倾向于与大学等非竞争企业进行合作，或者选择自主研发。而技术实力较弱的企业，则通常采取技术转让和专利许可的方式。随着企业逐渐成熟，企业将会更加倾向于选择关系密切的合作方式。

(二) 产学研"创新联盟"突破共性关键技术

近年来，我国一直在鼓励和推动产学研结合以获取核心技术的突破，特别是在重大科技专项、重大科技攻关项目等领域开展了深入的探索。针对这些项目，国家各科技部门加大了与相关部门、地方政府、相关行业的统筹与协调，形成了一种有别于传统的校企合作模式，并在战略性新兴产业的核心技术和共性技术上做出了显著的贡献。其中，产学研"创新联盟"是一种新型的产学研合作模式，其创新性、战

略性、协同性等特点对突破战略性新兴产业的关键技术发挥着重要作用（李明、高向辉、刘晓伟，2019）。

（三）产学研合作加速科技成果转化

随着我国产学研合作的深入发展，我国的传统工业通过高新技术的不断优化和升级，自主创新能力也有了很大的提高，技术转移率和科技成果转化率都有了明显的提高。根据统计，我国科研院所和高校的技术转让合同数目及收入、专利转移数量及收入等方面都有一定程度的增长。近年来，我国在城市层面开展了大量的战略性新兴产业产学研合作项目，在技术创新、技术转移和科技成果转化上均取得了较好的成效。调查结果表明，在400多家被调查的战略性新兴产业企业中，利用产学研合作进行科技成果转化的企业占了20.9%，这一比重明显地反映出产学研合作在科技成果转化方面的重要性。

（四）产学研合作推进拔尖创新人才的培养和成长

创新人才的短缺已成为制约我国高新技术产业发展的瓶颈，产学研结合为培育和发展具有重大意义的创新型人才提供了一个重要的平台。2009年，国家启动了科技人员服务企业行动，开始实施《关于动员广大科技人员服务企业的意见》，为企业提供技术支持。此次行动从全国各大科研机构和大专院校中抽调了10万名技术人才，让他们将各自的知识、技术、产品带进企业。一方面，通过培训技术人员，帮助企业提升了技术水平和市场竞争力，为企业技术革新和产品创新提供服务；另一方面，科技工作者可以从企业获取丰富的实践工作经验，有利于下一步的深入研究，两者之间形成了良好的互动关系。产学研合作是大学和企业共同培养人才的一种行之有效的方法。

第三节 我国高校产学研合作存在的主要问题

产学研合作是指企业、大学、科研机构等三个基本主体投入各自的优势资源和能力,在政府、科技服务中介机构、金融机构等相关主体的协同支持下,共同进行技术开发的协同创新活动。在国家的大力支持下,我国产学研合作普遍开展,形式多种多样,有些是在政府的支持下进行的,有些是双方自发组织起来的,均取得了丰硕的成果。然而,在促进科技成果产业化、营造良好的科研环境的前提下,高校、科研院所与企业之间的合作也面临着许多问题。根据2020年的专利调查,有50%以上的企业与上下游及客户开展过合作创新,但只有30%的企业与大学、科研机构合作过。是什么阻碍了大学、科研机构和企业之间的合作?这个问题一直受到学者们关注。本节在对国内外有关文献进行整理的基础上,总结出影响产学研合作的六个主要障碍因素。

一、产学研主体合作动力不足

产学研合作是指产业界与大学科研机构为了实现共同的目标而形成的联盟关系,但由于合作主体处于不同领域、拥有不同的目标和价值取向,因此,合作意愿也会有很大差异。首先,大学和科研机构的教师和科研人员更注重学术成就和自我价值的实现,更注重个人的荣誉,注重自己的研究成果的先进性、前瞻性和社会认可度,而忽略了追求前瞻性而带来的成本问题,这就使得教师和科研人员面向企业、面

第四章 知识生产模式变革的我国高校产学研合作分析

向市场、面向实际应用的动力不足。其次,企业的主要经营目标是利益最大化,更注重投入与产出比,注重成果的实用性、技术转化能力、能否为公司创造收益等重要问题,因此,企业一般较少将技术转化为学术成果。产学研合作模式中,主体之间的价值取向不同,导致合作动力不足,使得产、学、研之间缺乏合作,从而制约了科研成果的转化与市场化。此外,由于国家政策和法规尚不完善,技术供给方因技术转移收益无法得到保证,导致失去技术创新的动力;而技术需求方由于技术的所有权和使用权得不到保护也影响技术的购买力。由于技术转让的法律体系尚不健全,企业无法在整个生产、经营过程中充分发挥其应有的作用,企业知识产权严重流失,甚至直接影响我国多数企业核心竞争力的形成。

二、产学研合作的质量不高

目前,我国的产学研合作仍处于初级阶段,主要是一些较低层次的合作,如技术转让、合作开发和委托开发等,而建立科研机构和技术联盟、共建科技工贸一体化等高层次的合作还比较少。研究发现,企业与大学、科研机构之间的合作创新方式的类型主要有常规技术咨询(37%)和合同委托开发(33%)。究其原因,是因为企业自身技术实力不强,与科研单位的技术差距太大,只想着让科研单位把技术成果直接送到生产线上,同时还要承担技术支持和人员培训的任务。这种"交钥匙"的方式,极大地增加了技术转换的合作成本,也将大量风险转移到了科研机构身上。在目前的产学研合作模式中,通常都是企业出资,而大学、研究机构则提供技术、人员,用于新产品的开发与制造。很多大中小企业都会去大学、研究机构寻找合作机会,但只对短期内的项目感兴趣,而对涉及整个产业的关键技术、共性技术则甚少关心。出现这种深度合作不充分的状况的主要原因有两点:一是公司自身研发经费不足,融资难度大;二是技术创新的外在原因,复制、"搭便车"等现象使得企业的投入与效益不相匹配。

三、知识资源的交流渠道不畅

在我国,产学研合作各方在进行产学研合作时,通常会先设定一个目标,再由各个部门负责具体的科研工作。在完成相关科研工作后,各部门之间缺乏交流,知识资源的交流渠道不畅,出现了很多问题,这些问题都会影响到产学研合作的成效。产学研合作是一种高度的智力活动,即通过充分发挥各方面的优势,实现知识生产、技术创新和应用,从而实现知识的共享与互补,达到解决问题、发明新技术的目的。但是,在我国的产学研合作实践中,企业和企业之间的知识交流与沟通远没有想象中顺利。科研院所在信息交流、技术交流、人员交流等领域的局限性较大,合作各方彼此缺乏了解和互信,造成科研任务重复、利益分配纠纷、管理与资源配置不合理等诸多问题,制约着产学研的发展。这种知识交流的障碍,一方面是因为双方的价值观差异制约了彼此间的技术和知识的交换;另一方面是由于产学研合作主体的中介制度不完善,使得合作主体没有在一个权威、有效的知识交流平台完成信息知识的交互与转移,导致交流渠道不畅。

四、缺乏跨学科研究

当前,我国的知识生产模式正经历着一系列的变迁,知识生产任务的复杂性越来越要求各学科之间相互补充,因此,构建跨学科的研究机制是必然趋势。但是,从当前的产学研合作模式来看,目前的产学研合作主要是以单一学科为依托,尽管也在进行产学研合作,但都是以各自的领域为基础,缺少真正的多学科、跨学科的交流。在产学研合作模式中,跨学科研究机制的缺乏,主要体现在以下三个方面。

(1)课题设置的学科基础比较单一。高校与科研院所的合作多以课题和项目为依托,但这些都基于特定的专业知识资源,很少涉及其他领域,因而在研究领域中表现出单一化的特点。而且科研工作者的专业结构也比较单一,通常是由同一领域的专家组成一支科研队伍,从事特定的科研工作。

(2)人员和知识资源在不同机构之间较少流动。在不同的产学研合作模式下,各个科研单位在某种程度上都在独立完成自己的科研工作,缺乏人才交流和资源共享。

(3)产学研合作主体所承担的研究任务比重存在较大的差别。在实践中,通常会出现产学研主体中的某一主体独立完成大部分研究工作的现象,例如高校和企业之间的产学研合作,高校的实验室、研究团队负责技术的研究,企业负责产品的生产,并没有真正体现出研究或技术合作的优势,导致了科研水平的失衡、技术成果转化率低等问题。

五、产学研合作的评判标准不科学

随着产学研合作的不断深入发展,单一的质量控制标准已成为制约高校科研院所合作模式发展的主要因素。这里所指的单一性并非指整体标准的单一,而是指各主体所秉持的质量标准单一。从大学和研究机构的角度来看,尽管它们同样注重产学研结合、注重技术创新,但是它们更注重科技创新的学术价值。科研活动的开展如项目的申报、论文的发表、奖项的申报等，知识成果并不是最终产品，其研究活动在某种程度上与市场脱节。而在这些机构中，知识成果评估制度同样注重"学术价值"，"市场价值"则被忽视，从而使我国大学、科研院所的研究成果在推动技术创新、经济发展等方面表现出了明显的不适应，限制了其成果向科技生产力的转化。在企业层面上，技术创新观念尚未确立，大部分企业对产学研合作积极性不高。虽然企业认识到了技术创新的必要性和重要性，但是，由于合作成本高、周期长、风险大，目前缺少有组织的技术合作。在产学研合作中，企业的质量主要以"市场价值"为衡量标准，它们追求的是技术和技术的短期效益，在资金的分配、产权的归属、风险的承担等问题上，都与高校等存在着较大的差异。由于产学研合作主体都坚持各自的质量标准，在产学研活动中对合作者的价值缺乏考虑，这就造成了"单一"的质量标准的混乱，从而产生了不同的利益诉求，影响了产学研合作的良性发展，也影响了产学研合作活动的正常开展。

六、多主体深度参与的创新生态还未形成

深化产学研一体化，要求各主体根据各自的优势，解决创新发展的业务、结构和体制等方面存在的问题，以创新链条的全过程为基础，以供求关系为纽带，注重集成创新以及分工与协作，整合各主体的知识、人才、技术等创新资源，充分发挥各类创新主体构建创造力，促进各主体构建创新生态体系。

第四章　知识生产模式变革的我国高校产学研合作分析

本章小结

产学研合作的发展依赖于大学职能的逐步扩展和转变。"洪堡思想"自 1810 年诞生至今已经有两百多年的历史。"洪堡思想"是学术界公认的"产学研"关系的萌芽,起源于柏林大学,由德国政治家和语言学家威廉·冯·洪堡提出。从对产学研合作的发展历程分析可以发现,高校早期的产学研合作主要源于大学功能的变化。大学从单纯地注重教育到教育与科研并重,再到注重社会服务职能,大学的知识溢出到社会发展领域。也就是说,大学的知识发展和社会经济发展密切相关。随着工业社会的不断发展,"产学研"的观念逐渐由"边缘化"向"中心化"转变,"产学研"的组织形态不断地发展和创新。

我国于 1958 年提出了"产学研结合"的发展理念,并开展了大量的产学研合作,将行业、高校、科研单位纳入政府的统筹管理,并在此基础上,承担起社会主义工业化建设的重任,还完成了一系列的科研和技术创新。通过数十年来的不断探索,借鉴国外先进的产学研合作经验,我国高校产学研合作对促进科技成果转化、增强自主创新能力起到了积极的作用,主要表现在:产学研合作日益成为各方的内在需求和动力;产学研合作中,市场机制的调节功能得到强化;产学研合作的模式、组织形式等方面呈现出多样化的趋势;政策、法规、制度、机制等方面不断完善。但是,在产学研合作的过程中也出现了很多新的问题,比如产学研合作缺乏互动、企业主体地位没有凸显、利益保障机制不完善等,这些问题需要产学研参与者、政府和研究者共同去面对和解决。

随着我国经济体制改革和科技体制改革进入深水区,企业、高校、科研机构、中介机构等方面要深入协同创新发展。产业层面体现为大中小企业协同发展,科技创新层面要破除制约与产业融合的思想障碍和制度藩篱。要实现产学研深度融合,打破制度壁垒,构建产学研深度整合的长效机制。新时期产学研深度融合突出了综合性、创新性与网络性。高校、科研机构和企业都有自身的制度和运作规则,不同主体存在着不同的利益诉求和不同的价值观。促进产学研的深度融合,仅凭企业、大学和科研单位很难达到,还需要政府、用户、金融机构和中介机构等众多主体深度参与和融合创新,构建平衡的创新生态,打破产学研深度融合的壁垒,激发创新主体的创新活力,从而通过资源分享与协作实现"1+1>2"的综合效益。

本章主要从产学研合作的起源与历史发展分析。实现创新资源(技术和知识)共享是开展产学研合作创新的主要动因之一,此外还有来自市场的驱动力、政府的调控力、产学研合作各方自我发展的原动力、不同文化的感染力等影响因素。通过梳理我国产学研合作的发展与成效、主要模式和特点,进一步总结了产学研合作存在的主要问题:产学研主体合作动力不足、产学研合作的质量不高、知识资源的交流渠道不畅、缺乏跨学科研究、产学研合作的评判标准不科学,以及多主体深度参与的创新生态还未形成。

第五章　产学研合作创新的理论依据

第五章　产学研合作创新的理论依据

人类和动物最大的不同之处，就是人类可以通过经验来获得知识，从而成为知识的载体。大学与企业的知识体系既是知识系统，同时又具有"模式2"知识生产层次上的融合趋势；然而，两者在本质上存在较大的差异性。大学的知识边界具有开放性，而企业的知识边界则是封闭性的或是专有的，二者之间有本质的差别，这种差异使得它们在经济系统中自发地进行合作。协同创新是以知识生产为中心，对现有资源进行有序整合，从而达到创新的目的。在我国高等教育领域内的协同创新是指企业、大学、科研机构三个基本的创新主体，通过各自的优势资源和科研力量开展科技创新。创业型大学使高校形成了集教学、科研和创业于一体的制度体系。大学的知识开放形态也从知识传播、知识生产向知识创业、知识资本化转变。

第一节　知识的异质性

一、知识的异质特性

人类和动物最大的不同之处，就是人类可以通过经验来获得知识，从而成为知识的载体。美国哈佛大学分析哲学教授奎因（Quine，1990）在他的著作《真之追求》中，运用逻辑实证主义"原子分解"的观点，认为知识并非一种疑问或一种叹息,而是一种"可观察的陈述"。"可观察的陈述"指的是,经过无数次的测试,可以得出一种被哲学家称为"确信体系"的测试结果的概率分布。"概率分布"与"确信体系"被称为"知识"。Nonaka 也认为,知识是一种被证实的信仰,它由知识的拥有者和接受者的信仰所创造和组织,在传递知识的同时也传递着一系列的文化体系和相应的背景体系。知识是由人与客观世界的交互作用生成的,它是客观的,也是主观的。知识的客观性要求知识具有对应于外在世界的系统性,而外在世界的无限性以及人的认知能力和水平的局限性,使得知识往往是"局部"世界的一种反映,是"碎片化"的,对世界的理解也会受到相关知识的影响(Nonaka,2006)。Lakoff 和 Johnson 指出,大部分的"概念体系"都是通过"类比"来获得局部理解的,因此,大部分的概念都是在漫长的演化过程中被充分理解的(Lakoff & Metaphors,1980)。作为"确信体系"的知识是异质性创新主体,是指各个创造性主体在智商、知识基础、兴趣爱好等方面存在的差异。创新的结果,包括价值观等内部的主观因素和自然、社会环境等外部客观条件。大多数结果都是以概念为基础的判断或理论,因此,知识的产生(包括创造性主体的异质性)在观念和判断中被压缩。知识的获取、理解和应用同样受知识基础、兴趣爱好、价值观念等各方面的影响。由于知识生产具有过程性,以及行为主体具有异质性,因此,人们对知识的认识具有过程性。为了更好地了解诸如观念和判断这样的知识,通常需要对其产生的"过程"进行回顾。

知识是人类思维与心灵的产物,是植根于个人、团体或在特定的进程中的资源,并具有情景性,例如知识嵌入语

第五章 产学研合作创新的理论依据

言、故事、概念、规则和工具当中。由此可见，知识的"局部性"、"碎片化"和"过程性"是互为因果的，因而形成了知识的"异质性"。更有一些人类学家开始反思知识的普遍性和系统化，强调知识的本源意义，从特定的角度来凸显知识的"异质性"。正是因为知识的形成环境、过程和方式的不同，导致了知识的"异质性"。通过对异质性社会群体的参与，个体在经历不同性质的经验习得和意识成长的过程的同时，其关于世界的理解和知识也在不断地丰富。

二、大学和企业的知识异质性

知识生产各要素之间并不是独立存在的，而是相互影响、相互制约，形成稠密的知识生产要素系统。由于信息资源和研究发展的不对称性，不同地区、机构以及研究者之间在相互合作的过程中，取长补短，互相借鉴，可以实现知识价值的最大化，使得学科知识的发展进一步加深加强。大学的传统职能主要是提供教学和研究服务，而其日益增加的社会服务功能，使得大学承担了更多的企业科研工作。大学与企业作为社会知识活动系统的两个子系统，因其职能的不同而产生了明显的分工。大学是新知识的源泉，大学的科技创新可以为企业提供新知识、新技术，并通过其自身的商业价值推动知识的传播，从而提高其在市场上的竞争优势；大学还可以利用科技成果的转化来获得一定的资金，以便继续开展科研项目的探索，发现科研成果的不足之处，向企业寻求进一步创新的需求，为理论研究提供很好的用武之地。大学与企业在创新系统运作过程中，各有其独特的相对优势。没有哪个机构能够完全掌握所有的知识资源，组织机构仅凭自身实力寻求发展日渐维艰。大学与企业在创新系统中的知识活动功能的不同，使它们的知识组合成本最低、效果最高。因为产学研合作的交易成本要比合作增加的产出低，所以双方就会按照各自的相对优势来承担其各自的功能，实现知识的分工。

大学与企业的知识体系既是异质的知识系统，同时又具有"模式2"知识生产层次上的融合趋势，但这两者之间在本质上还是存在较大的差异，一方决不会也永不应当取代另一方。大学的发展离不开经济支持，然而大学不是商业机构，在发展的过程中，存在着很多非经济效益的目标。在新经济时期，知识的生产与运用仅仅是企业达到目的的一种方式。由于二者的发展目的与作用不同，大学与企业作为知识体系有本质的区别，并呈现出不同的知识结构（刘克寅、汤临佳，2016）。

首先，从联合国教科文组织的三类研究活动来看，高校承担了基本科研任务，但也有一些应用研究和开发方面的工作。与大学相比，企业的研究工作以发展研究为主，也与大学共同开展部分应用研究和一些基础研究。因此，二者的科研工作（知识生产）有很大的差异，即大学处于上游，而企业处于下游。这样的格局基本不会发生实质性的改变，就算有变，也只是比例上的细微调整。其次，从知识的普遍性来看，高校知识更多地强调科学，更具普遍性；它是对外在世界的自然和法则的认知的结果，是"是什么""为什么"的知识，同时也会给出"怎么办"的知识。企业的知识主要是以市场为导向，目的是解决各个企业在发展过程中遇到的特定问题，具有较低的普遍性和"局部性"。公司重视在运用知识的过程中的艺术性，重点在于"做什么""怎么做""何时做""何处做""何人做"。最后，从理论与实际的关

第五章 产学研合作创新的理论依据

系来看,高校科技研究所提供的知识是比较系统化的理论知识,这些理论知识或人文科学知识是社会实践中迫切需要的。但是,作为经济活动的主体,企业所产生的知识主要是实践知识,包括商业知识。因此,大学与企业之间的知识异质性具有整体的异质性(曹勇等,2020)。然而,这一异质并不妨碍二者之间的"交集"。实际上,只有"交集"到一定的程度,双方才会有交流的平台,才能更好地进行合作和创新。当然,如果二者的知识是一样的,那就不需要再合作了。应当指出,高校与企业之间的知识异质性是双方进行合作的先决条件。

第二节 知识交互原理

大学的目标和使命是创造科学知识,培养人才;企业的使命是不断地创造财富,为经济和社会的发展做贡献。大学的知识边界是开放性的,而企业的知识边界则是封闭性的或者专有的,二者之间有本质的差别,这种差异使得它们在经济系统中自发地进行合作。近来有研究指出,科学研究和技术发明之间的边界日益模糊。大学与企业在知识体系中,根据各自的知识特征、边界和功能的不同进行两种最基本的知识合作,可以实现知识互补和知识交互。

一、知识互补原理

大学和企业知识的互补性关系产生于知识的社会分工。20世纪30年代,Hayek(1937)在关于计划与市场的大辩论中,首次明确提出了知识分工的概念,并将其正式引入了经济学的研究领域(钟惠波,2006)。Hayek 指出,知识的分工与劳动分工问题非常相似，至少具有同等的重要性。汪丁丁（1997）以知识互补为理论基础，提出了"知识经济学"的概念。以 Drucker（1998）为代表的管理学家对知识分工、知识劳动、知识社会等概念进行了深刻的阐释。Hayek（1937）和 Becker（1992）等人的知识分工范畴，都暗含了知识空间的互补，这是由于知识分工也是生产者知识结构的具体体现，导致了生产者之间的相互依存，只有具有不同知识传统的生产者才能进行知识产品的生产。大学和企业是两种不同的知识组织，它们在社会知识分工的作用下，根据某种社会秩序进行各种研究，从而使科学组织与技术组织之间的合作与协同发展成为当今世界经济社会发展的主旋律。

大学和企业这两个不同的知识组织之间存在着清晰的社会分工与界限。大学以基础科研为主，没有具体的商业目标。虽然大学和企业在组织目标、治理机制、组织文化等方面存在一定的冲突，但这种异质性的合作在经济体系中会自发调节。同质性容易造成排斥，异质性容易形成合作，这都源于组织边界和职能的不同。大学实行以优先为基础的开放性科学体系，是为了及时、全面地披露最新的科研成果，为企业的发展创造了一个有利的知识环境，企业可以自由地吸收和利用。企业采取了以经济租金和专有权为基础的方式，这是大学与公司之间的知识互补的基本原理，二者之间的关系以交易为主（严艳红，2008）。大学的研究形态随着大学职能的演进发生了变化，以基础研究为主的大学也在开展应用研究，但是这种转变并不影响其开放知识的本质。大学里的知识产出通常是由研究人员来完成，他们在确定研究专题以及安排工作上有很大程度的自由度，即学术自由和自治。

研究结果通常具有一般的或普遍的正确性，其成果往往是以一般原则、理论或法则的形式呈现，并以论文的方式在刊物或在学术会议上交流。相对于大学，企业是一个知识封闭或垄断的机构，其核心业务是以技术、专利、产品和工艺为核心的应用和实验开发。从这一视角来看，大学主体侧重科技知识的生产，而企业则是以科技知识为基础，强调应用与实验。所以，大学与企业之间开放科学道路的基本原则是科学知识和技术知识上的相互补充。

二、知识互动原理

布什的"线性模型"将创新过程视为一种单向的过程，即从基础科学、应用科学、设计试制、制造到销售的过程，认为创新源自基础研究（Bush，1945）。因此，如果政府加大对大学和科研机构的投入，就能提高企业的创新能力。但是，在科技发展过程中，科技发展呈现出复杂的演变过程。从20世纪60年代开始，基础研究和应用研究之间出现了融合趋势；基础研究已经变成一个从商业中受益的领域。基础研究和应用研究的界限逐渐变得模糊，基础研究得到重视。大学为了增强直接为经济发展服务的能力，也在大力开展基础研究。大学和企业之间的知识不再是简单的互补关系，而且创新也开始注重主体之间的交互效应。由此，大学与企业之间的知识关系也从原有的"知识互补"演变为"知识互动"，产生了一种新型的"交互式创新模式"。

在此模式下，创新并不会严格地按照线性过程发展的每个步骤进行，基础研究也可以从商业发展到市场营销。技术知识与科学知识之间的关系不再以互补为主，而是以互动为主。在通常情况下，组织都会进行有目的的互动，而最主要的一项创新策略就是通过运用外在的知识来创造新的知识。根据这种方式，事实上，人们把知识看作一种分散于异质性主体之间的碎片，不同的知识之间具有很强的互补作用。组织之间的交流，很大程度上是透过知识的交换与互动，使不同知识结合创造出新的知识。因此，知识经济改变了科学组织和技术组织之间的关系，大学日益成为企业在创新进程中的关键合作伙伴。大学不仅能够为企业提供知识服务，而且能和企业进行知识的交互。

第三节　知识社会学理论

知识社会学是 20 世纪 30 年代兴起并发展起来的一门社会学分支学科，主要是从社会学角度研究知识，强调知识的社会属性。

一、"知识社会学"理论的发展历程

"知识社会学"一词最初是由舍勒提出的。追溯知识社会学的理论渊源，最具代表性的是马克思、狄尔泰、涂尔干和韦伯等人。马克思认为，不是人的社会存在由人的意识所决定，而是人的社会存在决定了人们的意识。而意识的存在形式就是知识，这也是"知识社会决定论"的起源。狄尔泰从认识论的观点出发，从解释学的角度对"客观因素"进行阐释，阐明了知识的社会要素和环境制约性。涂尔干认为，知识的含义和本质只能从现实的社会生活和社会实践中去认识，知识的形成过程及其功能为知识社会学提供了丰富的思想素材。上述学者对知识生产和知识生产的认识都是从哲学的认识论角度进行的，把知识生产看作是个人的一种认知行

第五章 产学研合作创新的理论依据

为、一种纯粹个人性的活动,是与社会、经济、政治生活没有关系的个体的生产。

1929年,以曼海姆的《意识形态与乌托邦》的出版为标志,知识社会学作为一门独立的学科诞生了(郭强,1999)。曼海姆对知识社会学的主要观点有:第一,知识可以分成两种形式。一类是"受存在制约的"的意识形态知识,即人文社会科学与政治知识,另一类是科学知识。第二,社会科学知识存在制约,但不能因此说这种知识就是相对的,知识社会学也不主张相对主义,他提倡的是"关联主义"。第三,在认识社会学的基础上,要进行认识论的变革。一是取消"认识论"个人化的观点,认为"人"始终属于某个团体;二是从"静态的"认识到"动态的真理"。第四,意识形态应该区分为"特殊意识形态"和"整体意识形态"。知识社会学提倡一种"全局性的思想"。第五,知识社会学将是一个新的政治理论基础。可以说,曼海姆的《意识形态与乌托邦》深入地剖析了"知识的社会根源"。

20世纪30年代以后,社会学开始对知识生产进行阐释和剖析,把它看作是一种社会行为与社会现象。著名的科学社会学代表人物之一的默顿于1938年发表的一部巨作《十七世纪英格兰的科学、技术和社会》,从社会学的角度对科学做了开拓性的探讨,指出:"现代科学既是一种特殊的演化的学问,又是一种具有特殊的标准架构的社会系统。"默顿着重探讨了对科技发展的各种社会因素的影响,对科学的发展提出了一个基本假设,即科学的重大和可持续发展必须在特定的社会环境下进行。社会环境为科学的发展提供了物质和文化两方面的条件,这是对科技发展的客观要求(宋珮珮,2000)。到20世纪末,科学社会学者日益坚定地支持这个观点。正如巴恩斯所说,"科学应该和其他的知识和文明形式一样,受到社会学的考察"。与曼海姆关于科学的认识相似,他着重于从社会学角度审视科学的社会结构。正如默顿所认为的,科学发展的速度、方向与焦点,以及科研人员的交互和科学的组织等,都与社会的环境密切相关,而科学内容却只与纯科学因素有关。

库恩 1962 年出版的《科学革命的结构》一书,极大地推进了欧洲学术界对科学知识生产与变迁的研究路径,从以往的唯智主义走向了知识社会学及科学社会学。库恩所提出的科技变迁模型得到了普遍的认可和支持,被广泛地用于论证和支持知识社会学和科学社会学的主要论点,即科学知识生产的变化和发展与外部社会结构有密切联系。曼海姆的"知识社会学"与默顿的"科学社会学"在对"知识"进行社会考察时,把"理论""法律"等的具体内容看作是"黑箱";他们认为,从社会学的观点来看,这样的具体内容"不是不可能,就是没有任何意义"。在继承和批判曼海姆的"知识社会学"与默顿的"科学社会学"之后,20 世纪 70 年代,西方出现了一种新的"科学知识社会学"研究。科学知识社会学主张一切科学的知识都要接受社会学的检验,并坚持以社会结构论的观点来看待知识(姚宇华,2017)。

二、从"知识社会学"看产学研合作

(一)从以技术为中心向以人为中心转变

高科技公司以现代科技发展的最新成果为基础,具有高知识含量、高投入、高产出、高风险等特征,且这些高科技的开发者都是一线的科研人员。高科技的发展使得大部分高

第五章 产学研合作创新的理论依据

技术公司都是新生企业，较少有高科技公司是从传统公司转型而来的。同时，大学又是科研人才的主要基地，培养具备创业精神和能力的人才也是产学研合作的重要内容。因此，产学研合作不仅要关注技术，更要关注那些拥有技术的人才，拥有尖端技术的人才才是未来高科技公司的核心竞争力所在。大学与企业的产学研合作应从观念上进行变革，由技术导向转向以科技人才为核心的方式进行产学研合作。

（二）从产学研合作为主向科研人员创业为主转变

拥有发明专利数量最多的是高校和科研机构，发明专利的主要承担者就是高校的科研人员和学生，要将这些最新的专利发明快速实施，鼓励、帮助和支持科技人员自主创业是最好的途径。在这个过程中，科技人员可以将企业、政府、高校等相关利益者联合起来，对各种要素资源进行组织和运用，实现产学研合作创新。通过自主创业实现科技成果的自我转化，可以解决产学研合作各方技术水平不匹配的问题，减少中间环节，缩小创新要素之间联结的距离，提高资源配置的效果。

（三）从技术扩散模式向战略同盟模式的转变

从"产学研"向"科技创新"的转型，本质上是由"技术扩散"向"战略联盟"的转型。在产学研合作时，以技术为中心，围绕着技术研发、产品开发、商品到产业化等全过程进行技术合作。科研工作者身处科研第一线，对技术发展的方向了如指掌。因此，他们有着天然的优势，易于寻找志同道合的人创办企业，当技术创新陷入困境时，也可以从学校和同学那里得到支持和帮助，联结创新资源的强度和可持续性上比扩散模式明显提高。同时，创业的成功，不仅能为大学带来经济上的回报，也能为学校赢得更好的声誉，这种双赢的局面会让校企双方的关系更加深入和密切，最终结成稳固的战略联盟。

第四节 协同论与协同创新

一、协同论

"协同"一词主要源于协同论。协同论又称为协同学或协和学，是20世纪70年发展起来的一门新兴综合性横断科学。协同论的提出者是德国斯图加特大学理论物理学教授赫尔曼·哈肯，他于1973年首次提出关于协同论的概念，用它表示开放系统中大量子系统相互作用的整体的、集体的或合作的效应。1977年，哈肯发表《协同学导论》，标志协同学的正式成立；1983年又陆续出版了《高等协同学》以及近20本由他主编的协同学专著，系统地阐述了协同学的相关理论问题，逐渐使这一学科臻于完善（蒋文娟，2018）。协同学是从现代物理学的角度，运用现代数学理论和科学技术成果，采用不同领域的类比分析方法研究各种复杂系统的共同演化规律，来探索不同系统中存在的某种共同本质特征。

协同理论认为，协同是系统转化的机制。人们利用数学模型反映系统内部协调的具体机制，考察协同作用对整体运动的影响，并根据实际情况进行协调，使系统达到最优化状态。协同理论是自组织结构理论的一部分，即一个由大量子系统构成的开放系统，在一定条件下，由于子系统之间的相

第五章　产学研合作创新的理论依据

互作用和协作，这一系统就会形成具有一定功能的自组织结构，在宏观上产生新的有序状态，形成非平衡系统中的自组织现象，而协同方式指的就是开放系统的多种要素（子系统）以很有规律的方式结合。

二、协同创新

"协作创新"这个概念起源于美国，大部分学者认为它是美国麻省理工学院斯隆中心的研究员彼得·葛洛提出的。彼得·葛洛所说的协同创新，是指由自我激励的人员所组成的网络小组通过网络交流思想、信息和工作状态，来达成一个共同的目标。国内的一些学者对"协同创新"这个概念进行了继承和发展，并从不同的视角诠释了其含义。张力（2011）认为，从管理学的观点来看，协同创新主要是指组织（企业）内部的知识（思想、技能、技术）共享，具有共同目标、内在动力、直接沟通，依托现代信息技术构建资源平台，进行多方位交流、多样化协作，其本质特征是一种重要的管理创新。陈劲、周扬（2012）提出，协同创新组织方式以大学、企业、科研机构为主体，以政府、金融、中介组织、创新平台、非营利性机构等为支撑的多元主体协同作用的新型网络创新模型，通过创新主体与技术创新主体之间的深度协作与资源整合中产生系统的非线性效应。张丽娜（2013）将协同创新归类为一种组织的创新方法，指出，协同创新需要各创新主体之间进行充分有效的知识分享和知识转移。

协同创新包括大学、企业、政府、科研院所和中介机构等子系统，它是以知识生产为中心，对现有资源进行有序整合，从而达到创新目的的系统化协作方式。在我国高等教育领域内的协同创新是指企业、大学、科研机构三个基本的创新主体，通过各自的优势资源和科研力量，在政府主导下开展科技创新。以协同创新为基础的产学研合作模式具有两大特征：一是整体性，即创新生态系统并非各个要素的简单相加，而是各种因素的有机结合；二是动态性，即创新系统是持续动态变化的。协同涉及知识和资源的全面整合，强调高校与政府、行业、企业等的深度融合，并在高校内部推动人事、科研、教学等方面进行深入的系统整合，通过建立系统化的合作关系来实现系统资源的最优化配置。通过体制机制的创新发展，实现高校的人才培养、学科培养和科研管理功能的"三位一体"（郑文范、刘明伟，2017）。协同生产并非"属地"的整合，也不是大学内部"合并同类项"（把同一性质的学科或学院的合并）。这里的系统化是指形式和内容的有机结合，也就是说，在一个协作体系中，形式与内容相统一的系统化。科研组织结构深度融合，各个协同生产者都在各自的岗位上承担着各自的职责，而不是单纯的口头约定式的合作关系。

产学研是一个复杂而开放的系统，正是由于孤立的旧结构无法满足大学、企业或科研机构发展的需要，所以各方采取了协同合作的方式，通过开放系统在物质、信息等方面进行全面的交流，形成了一种合作共赢的局面。以市场为导向的产学研协同创新体系，立足于行业社会和企业自身发展的现实需求，其技术方向与国家产业战略和社会发展的整体趋势相一致，因而深入地推动了产学研合作；这必将对推动科技创新和产业发展、加快产业结构调整、转变经济发展方式、促进国民经济发展和提高综合国力起到积极的作用。

第五节 学术资本主义

一、学术资本主义的概念

大学是在 12 世纪末期出现的高等教育机构。自中世纪至 18 世纪末,大学的主要功能是传播知识,研究高深知识,只训练少数职业人士,大学与社会之间的联系似乎脱节。后来的大学经历了两次根本性的变革。19 世纪初期,德国著名学者和教育改革家威廉·冯·洪堡创立了柏林洪堡大学,并由此引发第一次学术革命。这次变革后,高校把科研作为一项学术任务,并把科研与教学结合起来,产生了研究型大学,洪堡大学又被称为"现代大学之母",在世界上享有盛名。第二次变革是从 20 世纪 80 年代开始的,除了教育和科研之外,高校还承担了经济发展的重任,社会服务和创业成为大学的又一项新功能。正是在这种新型的高校模式和学术资本主义思潮的影响下,创业型大学应运而生。学术资本主义为创业型高校的发展带来了新的思考,知识成为创业型大学的优势资本。同时,大学面临学术传统和创业型大学新型组织对垒的局面,还面临学生身份的变革、教师角色的转换等问题的挑战。

美国乔治亚大学教授黎丽希拉·斯劳特和拉里·莱斯利在其 1997 年所著的《学术资本主义》中提出了"学术资本主义"的概念,把知识视为"资本",拥有知识的大学教师成为"资本家",大学出现了教师的市场或者类似市场的行为。这本书揭示了大学劳动性质变化的原因、性质、层次以及它对高等教育体制的影响。从经济和政策角度来看,新自由主义思潮的兴起,以及新公共行政运动的推动,都是大学劳动性质变化的重要原因。20世纪80年代兴起的新自由主义,其核心理念就是要充分发挥市场的功能,提倡市场化、私有化和自由化,以促进资源的有效分配。而新的公共行政运动,则是将公共服务的生产与供给,由市场与社会的力量来完成,而政府仅仅是负责制定政策、做出决策。因此,政府缩减了大学的财政开支,大学为求生存,采取了收费或提高学费、吸引社会捐赠、搞企业科研和设立子公司等方式来解决资金短缺的问题。这一进程在无形中推动了大学与外部资源、大学与企业的战略合作。大学为企业提供知识、科研技术和人才,而企业为大学提供金融支持。大学作为一个机构,必须从外部环境中汲取资金、人力资源,并与外部环境相互依存、相互影响,才能在新的环境中得以生存和发展(冉隆锋,2015)。

二、知识资本化与知识创业

知识经济时代的到来,不仅使传统的创新模式、经济增长模式发生了变化,而且对大学的知识开放形态也产生了新的要求。大学的教学和科研功能已不能满足知识经济时代的需求,随着经济发展的需要,大学直接参与经济发展的呼声越来越高。一些研究型高校在保持原来的教学与科研工作的同时,也担负着推动国家、区域经济发展的重任,也就是把"创业"作为一种新的学术使命。创业型大学成为一种新型学术机构,大学知识开放的形态也呈现出二元模式,即知识传播和知识生产并存。从这时起,大学的未来和在今后的创新活动中所扮演的角色就成了人们所关心的问题。从行业的视角来看,传统的产学关系体现在两个层面:第一,大学是

第五章 产学研合作创新的理论依据

企业的人力资本资源;第二,大学是企业科学研究的重要资源。目前,世界范围内的大学都普遍经历了第二次学术革命,大学在促进经济发展的同时,也产生了一种新型的产学合作形式。这种基于知识的创业就是所谓的"知识资本化"。第二次学术革命催生了创业型大学,使高校形成了集教学、科研和创业于一体的制度体系。大学的知识开放形态也从知识传播、知识生产向知识创业、知识资本化转变。在知识经济时代,大学对促进地区和国家经济发展具有举足轻重的作用。知识资本化的实质就是知识的产生与扩散,这既是为了具体学科的发展,也是为了知识的商业化应用。由于知识资本化成为经济与社会发展的基础,大学在经济发展中的作用越来越重要(张学文,2010)。

20世纪80年代以来,随着工业社会向知识价值社会变迁,知识生产模式发生转型,一种新的知识生产模式逐步产生和发展,即普莱斯所提出的大科学、齐曼提出的后学院知识生产模式和吉本斯等人提出的"模式2"。与传统知识生产模式相比,这种新的知识生产模式的主要特征是跨学科性、异质性、情境性和质量控制的多元性。因此,对较为封闭的研究型大学组织模式提出了巨大挑战,大学不再是知识生产的唯一中心。大学职能趋于多元化,因此在西方国家,逐步兴起了一种新的大学组织模式,即创业型大学组织模式。知识生产模式理论对产学研合作模式变革的原因、动力等具有较好的解释力。大学组织模式在变革过程中,只有以知识生产模式理论为指导,适应知识生产模式转型需要,才能取得较好的效果。知识生产活动是大学组织的核心活动,因此,知识生产模式转型是产学研合作模式变革的内在动力机制。

三、学术资本主义理论的影响

学术资本主义改变了传统的学术逻辑；它以市场逻辑为基础，使大学教师实现了从学者到企业家的角色转换，而教师本身的学术知识则成为他们创业的资本，他们可以进行专利成果的转让或让学生参与其学术成果的创造和转让；他们甚至可以提供外部信息网络支持，通过在企业任职或在企业担任顾问等方式参与创业活动。这种角色的转换，在很大程度上促进了大学的创业教育，为创业教育提供了新的机遇。高校应充分发挥教育科研工作者手中掌握的学术资本的作用，强调其创业先行者的身份，让大学教师实现身份的转变。教师在传承高校自由与自治的基础上，为大学创业教育提供了外在的资讯与资源支撑。

在学术资本主义的大环境下，大学和市场之间的界线越来越模糊。为协调大学与经济社会的关系，促进师生的创业教育活动的开展，知识产权办公室、技术转移中心、企业孵化器等组织形式在高校中不断涌现。它们为大学生的创业提供顾问与服务，为学校的师生办理专利及授权，帮助师生将科技成果进行有效的转化，为初创的中小型企业创造物质空间和基础设施，推动知识生产和应用，为创业教育提供金融和智力支持，并增加了大学师生创业的可能性和成功率。

本章小结

知识是人类思维与心灵的产物，是一种植根于个人、团体或特定进程中的资源，并具有情景性。知识嵌入语言、故

第五章 产学研合作创新的理论依据

事、概念、规则和工具之中，因此，知识的"局部性"、"碎片化"和"过程性"互为因果，从而形成了知识的"异质性"。一些人类学家开始反思知识的普遍性和系统化，强调知识的本源意义，从特定的角度来凸显知识的"异质性"，即知识的形成环境、过程和方式的不同导致了知识的"异质性"。作为经济活动的主体，企业所产生的知识具有分散性的特点，主要是实践知识（主要是商业知识）和一些人文知识。大学与企业之间的知识异质性具有整体的异质性。这一异质并不妨碍二者之间的"交集"。实际上，只有"交集"到一定的程度，双方才会有交流的平台，才能更好地进行合作和创新。

大学的目标和使命是创造科学知识，培养人才；企业的使命是不断地创造财富，为经济和社会的发展做贡献。大学的知识边界是开放性的，而企业的知识边界则是封闭性的或是专有的，二者之间有本质的差别，这种差异使得二者在经济系统中自发地产生合作。近来有研究指出，科学研究和技术发明之间的边界日益模糊。大学与企业之间的知识合作主要有两种形式，一种是基于线性模型的知识补充形式，一种是以非线性模型为基础的知识互动形式。大学与企业在知识体系中，根据各自的知识特征、边界和功能的不同进行知识合作，可以实现知识互补和知识交互。

产学研是一个复杂而开放的系统，正是由于孤立的旧结构无法满足大学、企业或科研机构等发展的需要，所以各方采取了协同合作的方式，通过开放系统在物质、信息等方面进行全面的交流，形成了一种双赢的局面。以市场为导向的产学研合作机制立足于行业社会和企业自身发展的现实需求，其技术方向与国家产业战略和社会发展的整体趋势相一致，深入地推动了产学研合作；这必将对推动科技创新和产业发展、加快产业结构调整、转变经济发展方式、促进国民经济发展和提高综合国力起到积极的促动作用。

在学术资本主义的大环境下，大学和市场之间的界线越来越模糊。为协调大学与经济社会的关系，促进师生的创业教育活动的开展，知识产权办公室、技术转移中心、企业孵化器等组织形式在高校中不断涌现。它们为大学生的创业提供顾问与服务，为学校的师生办理专利及授权，帮助师生将科技成果进行有效的转化，为初创的中小型企业创造物质空间和基础设施，推动知识生产和应用，为创业教育提供金融和智力支持，并增加大学师生创业的可能性和成功率。

大学和企业都是复杂的知识系统，同时又具有在"模式2"的知识生产层面的融合趋势。大学的目标和使命是创造新的科学知识、培养承载科学知识的人力资本，企业的使命是不断地创造财富，为经济和社会的发展做贡献。作为经济系统中知识生产、创造和使用的两大主体，大学和企业作为科学和技术的两大典型代表，在组织特性、目标和边界上存在着巨大的差异性。在经济系统中，大学和企业根据各自的知识特性、边界和职能进行两种最基本的知识合作，即知识互补和知识交互。大学正经历着从知识生产、传播到创业的转变。在知识社会中，大学将在促进区域、国家经济发展中起非常重要的作用。

第六章 发达国家产学研合作的启示

第六章 发达国家产学研合作的启示

在一些西方国家,产学研合作由来已久,并经过了不断的探索与创新,其每次演变与发展都与教育理念、科学进步、产业的发展等因素息息相关。因此,它与"社会观念""社会自觉"等诸多要素紧密联系在一起。而在这些因素的影响下,其改革发展实质上是围绕知识生产在不同时期的模式和特征进行的。由于"产学研合作"是一种知识生产方式,它必须要与新的时代潮流相适应。本章将对一些发达国家产学研合作的发展历程和有益经验进行总结,并从中发现其发展特征,为推动我国产学研合作的创新与发展提供借鉴。

第一节 美国的产学研合作

一、美国产学研合作的发展

美国是全球最先进的资本主义经济大国之一,其在科研方面发展迅速,成为其他国家学习和模仿的典范。美国的产学研合作发展可以追溯到1862年《莫雷尔法案》的颁布。法律要求用土地收益来建立地方大学,这些赠地大学主要开设的是一些与农业、工业相关的实用技术专业,从而使大学和工业部门、农业部门开始结合。20世纪初期,威斯康星大学的校长查尔斯·范海斯主张,学校要实现社会的服务功能,要突破学校封闭僵化的状态。把大学与社会生产和生活实际结合起来的"威斯康星思想",加上杜威的实用主义哲学的广泛影响,使得教育界和产业界更加密切地结合在一起,在工业、军事、技术创新等领域进行了广泛的合作。然而,这一时期内美国的产学研合作还处在缓慢发展的阶段。直到20世纪中叶,特尔曼创立了斯坦福科学园区,这一时期的科研与管理工作才真正拉开了序幕。产学研合作的进程,有几个关键的里程碑事件。

(一) 政府主导的科研创新项目

"二战"时期,美国政府为了抢占更多的优势,派出了大量的顶尖科学家参加了国家领导的科技创新计划,在较短时间内完成了多项科研成果转换项目。其中,最有名的莫过于"曼哈顿"工程和计算机 ENIAC "埃尼阿克"的研制。"曼哈顿"计划成功实施,美国成功研制出原子弹,并将其用于日本广岛、长崎,从而彻底改变了第二次世界大战的战争形势,并影响了"二战"后的国际社会治理秩序。为了推动曼哈顿计划的实施,科学家提出了系统工程的思路和方法,为战后的系统工程等学科和产业的发展打下了坚实的基石。宾夕法尼亚大学莫尔小组研究团队专门为弹道计算而设计的计算机"埃尼阿克"最终于1946年2月14日问世,标志着计算机时代的到来。第二次世界大战以后,美国政府逐步将一些军事项目成果运用到其他领域,为创建全国性的科技创新体系奠定了坚实的基础。

(二) 斯坦福研究园的建立和硅谷的崛起

第二次世界大战之后,应特尔曼教授的建议,斯坦福大学成立了斯坦福研究园，初期以硅芯片的设计和生产而闻名，"硅谷"之名也因此得来。硅谷逐渐发展成了美国重要的电子工业基地，同时也是全球最大的科研和产学研合作集中地。据统计，目前硅谷的计算机公司已经发展到1500多家，进驻了一大批世界知名企业，他们以斯坦福、伯克利和加州理工等世界知名大学为依托，成立了全球顶尖的企业，例如苹果、英特尔、思科、惠普、朗讯和英伟达等集科技、生产于一体的大型企业，它们经过数十年的发展，依然生机勃勃。

（三）产学研协同创新联盟的建立

美国国家科学基金会（NSF）是一个旨在提高本国科技竞争力的机构，它设立了"产业/大学合作研究中心"（Industry/University Cooperative Research Center，简称I/UCRC），实施了"实验研发激励计划"（Experimental R & D Incentives Program，ERDIP）以推动高校和企业之间的合作。在项目执行期间，NSF先后研发出三种方式：研发推广、第三方中介参与大学与产业合作、以大学为基地的研究联盟。这种研究联盟在美国得到了普遍的应用。1978年，这种研究联盟被称为"产业/大学合作研究中心"，成为ERDIP创新项目中的"最适宜的幸存者"（Meyer，2009）。

二、美国代表性的产学研合作模式

经过几十年的探索与完善，美国形成了许多有代表性的产学研合作模式，对世界各国的产学研合作产生了深远影响。下面阐述四种具有代表性的合作模式。

（一）科技园模式

科技园模式通过建设大量高科技园区顺利地实现产业目标，将科技创新成果转化为生产力和行业的竞争力。美国把"科技园"界定为拥有优良的科研设施，以高科技和尖端技术型企业为主体，从事科研和技术工作的产业或建筑物；与高等院校、有关研究单位进行协作，或由独立的科研单位管理的自主研发体系。科技园通过支持科研成果的孵化，以适应风险市场的实际需求，实现企业与科研机构间的技术转移，推动经济发展，并可推动园区内各参与主体之间的知识溢出和技术合作。美国首家科技园"斯坦福研究园"充分发挥斯坦福大学在科研与人力等方面的优势，积极发展新兴产业和高新技术，吸引了众多企业的加入，涵盖计算机、生物、航天等领域，并发展成世界闻名的"硅谷"。随着斯坦福研究园取得巨大成功，这个模式被广泛效仿。美国的高科技园包括波士顿128号公路的的高科技园区和北卡金三角科技园。这种模式主要是通过高等院校和研究机构提供技术支撑，企业创办企业，进而实现与大学的联合研发，最后形成由企业牵头、由高校和研究机构组成的联盟。在科技园区，企业、科研机构和大学的合作形成了一个庞大的创新网络，企业与科研机构的合作更为紧密，信息与知识的流动更为活跃，科技园区成为技术研发与人才培养的重要场所。美国的科技园区除了依托研究型大学之外，还需要国家投入资金，并不断改进相应的服务和配套措施。例如美国科技园区的科技创新中心，它为一些高新技术企业提供资金、信息、咨询、法律等各种形式服务，很大程度上为科技园中的产学研合作提供了便捷，促进了产学研合作主体间的网络化（李晓慧等，2017）。

(二) 企业孵化器模式

孵化器最初是一种用于孵化鸟类的仪器，它的功能是为不同鸟类的孵化创造一个适宜的环境。之后，该概念逐渐引申到企业的发展模式上，被称为"企业孵化器"。这是一种以资金、技术、场地等为企业创造良好的发展环境，从而帮助企业形成、发展的一种组织模式。美国企业孵化器模式形成时间早。美国早期的产学研合作模式是"赠地大学"（企业捐赠土地供高等院校办学，一般临近企业，便利校企之间的密切合作），如威斯康星大学、麻省理工学院等知名大学。通过这种方式，可以有效地推动大学与企业间的知识交流与合作，取得了良好的效果。美国应用这种合作模式建立了许多社区大学，这些学校的运营经费都是由企业提供，通过职业教育实现企业内部人才的培养。具有代表性的学院包括美国通用汽车公司投建的工程学院，美国兰德公司投建的兰德研究生院。这种模式有效地提升了美国企业的员工素质，打破了传统大学培养人才不能满足企业和社会需求的困境。在美国，这样的孵化机构大致可以分成三大类型。一类是以政府或社会团体为首的非营利性组织，目的是满足企业的需求、实现就业、促进行业发展，不收取企业费用。一类是营利性组织，这种孵化器以获取利润为主，包括风险投资公司、民营企业、金融机构等，他们提供资金、技术等方面的服务，也可以成立一家新企业，从事高科技产品的开发与制造，以获得高额回报。还有一类是由大学和研究机构主办的，通常是利用高校和研究所的早期科技和专利技术，目的是把科技成果变成现实的收入，将科学技术成果转化为实际收益，提高大学和科研机构的经济效益，加强科技研究与开发的竞争力。目前，美国已有上千个孵化机构，为产学研的发展做出了巨大贡献。这种方式能够有效地推动科技成果的转换，从而提高企业创新能力和人才培养能力。这种"产学研"的合作方式于 1980 年在美国风靡一时，并成为美国大学与企业间的一种有效的合作范例，其在全球范围内的推广与发展，推动了美国在全球范围内的科研与技术创新能力，同时使美国成为国际领先的产学研合作创新人才培养大国。

（三）联合研究中心模式

联合研究中心模式的目的是更好地将大学与企业进行有效的结合，从而更好地实现大学的科研目标。美国大多数的大学都成立了自己的技术转移服务机构。一方面，它们将企业与大学连接起来，让企业能够在大学内部寻找适当的合作伙伴和项目；另一方面，它们还能为高校提供合作、法律、信息咨询等方面的服务。美国的联合研究中心模式兴起时间较晚，在 20 世纪 70 年代才开始出现，但它是美国实施的规模最大、效益最好的一种产学研合作模式。这一模式的初期由国家财政拨款，后期则是由大学、企业或非营利机构组织资金资助，旨在提高创新能力。近年来，由于企业间的市场竞争日益激烈，尤其是企业在新技术开发中的高投入、高风险等问题日益凸显，美国政府联合企业、大学、科研院所，为了加速科研成果的转化，建立起基于共同利益、优势互补的产学研共同体。美国 NSF 是一个典型的例子，它的目标是推动多学科的科研，将科学研究与企业、社会需求有效结合。另外，美国还制定了一系列有利于建立良好合作环境的经济政策，例如，将 65% 的科研项目成本用于企业所得税的减免。通常该类项目都由企业牵头、高校或机构共同开发，具有很强的实际应用价值和重要意义。

（四）专利许可和技术转让

美国的专利保护力度很大，专利交易和技术转让的活动十分频繁。所谓专利许可就是专利权人将专利授权给被许可方，使之可以使用该专利进行生产活动。技术转让与此类似，是指出让方将某项技术的所有权或使用权转移给受让方，从而实现技术合作的目的。专利制度是国家给予科技成果所有权人个人权利的重要保障，它极大地促进了科技创新的发展，为科技创新创造了有利的外部条件。专利体系分为三类：发明专利、工业产品外观设计专利和实用专利。20世纪80年代，美国修改了《专利商标法》，进一步明确政府和产学研项目间版权权益体系，为产学研系统的良性发展奠定了坚实的基础。1982年，美国政府通过《小企业发展法》，由政府提供资金支持，一旦有了研发成果，企业可以依法获得专利权。这两条法规的出台，促进了美国大学和科研院所开展科研项目的积极性，加速了专利授权与技术转移的实施进度，深化了产学研的合作进程，推动社会经济的进步。

三、美国产学研合作的特点

（一）大学与政府保持密切合作

美国于1950年成立了美国国家科学基金会（NSF），这是美国在全国范围内推进产学研合作发展的一个重要里程碑。在NSF的规划与资助下，大学内部建立了产业/大学合作研究中心（I/UCRC）、工程研究中心（ERC）和科学技术中心（STC）等。它们在基础研究、应用研究和技术开发等方面发挥着重要作用。大学与政府保持密切合作，无论是研制原子弹（"曼哈顿"计划），还是发展电子计算机，美国的高校都在政府的领导下，积极投身于科学研究和服务社会，并重视产学研合作。美国大学与企业之间的合作方式多种多样，例如企业委托高校开展科研项目、双方合作培养人才、共同建立工程研究和应用研究中心、互派人员共同合作等。

（二）学研方直接创办企业

美国高校十分注重科研成果的转化，对于师生创业提供了诸多政策优惠。斯坦福大学是鼓励产学研合作特别是鼓励师生和校友创业的典范。斯坦福研究园区的发展不仅带动了斯坦福高校的繁荣，解决了毕业生就业问题，更为重要的是，高校直接创办企业开创了新的产学研合作模式，有效提升了科研成果转化的速度，同时为企业和社会的发展培养了优秀科研人才。

（三）法律法规是保障产学研合作发展的重要因素

在美国，许多著名的科技公司都能通过自身雄厚的资本和技术优势实现科研自主研发。而美国政府则从法律、法规等方面为缺乏资金和技术优势的中小企业创造有利条件。从这一点可以看出，企业是科技创新的主体力量，而大学和研究机构则是科技创新的重要力量。另外，大学和科研院所还可以通过创办企业来完成科技成果的转化，为学生创造新的就业渠道和就业岗位。然而，必须指出，企业如果没有创新和技术上的领先，将面临淘汰。同时，在激烈的市场竞争

第六章 发达国家产学研合作的启示

中,企业与经理人必须要有较高的竞争意识和危机意识,因为市场中新兴企业不断更迭。在这种大背景下,政府需要维持市场的稳定,制定相关的法律法规,营造一个良性的市场氛围。美国政府不仅直接资助技术创新项目,还着重在机制体制和环境完善等方面颁布了一系列法律法规,并实施了相关措施,以加快产学研合作的良性发展和不断创新,为产学研合作提供良好的发展环境。

第二节 英国的产学研合作

一、英国产学研合作的发展

(一) 实践性技术课程推动了产学研合作的萌芽

英国是一个古老的资本主义国家,它的科技系统、产业系统、教育系统处于世界的前列。但是,英国的产学研合作在起步阶段并未得到充分的关注,甚至在一定程度上其思路和方向也与产学研合作背道而驰。这与英国的教育传统有着密不可分的关系。以牛津大学和剑桥大学为代表的英国古典大学都是奉行精英教育的,它们的目标是为国家、政府培养精英,而非参与科技研究。长期以来,这种价值取向制约了英国产业界和大学、科研机构之间的合作创新。所以,人们普遍认为,英国的产学研合作并不是在牛津和剑桥这样的知名大学中诞生的,而是产生于私立的职业技术学院中。这些院校开设了大量的实践性技术课程,并使受教育者能够在企业内学到生产技术,从而在某种程度上推动了产学研合作。直到 1945 年《帕西报告》的发表,英国的产学研才开始步入轨道。《帕西报告》中提到，英国科技的发展并没有促进产业界的发展，教育界和产业界处于孤立的状态，彼此之间缺乏联系，科技成果不能真正地投入到生产中，造成了资源的浪费。该报告提出了建立区域性、全国性的协调机制的建议，以促进高校与产业界的产业。

（二）通过改革高等教育模式，推动高校和工业企业之间的合作

英国高校长期以来表现出"学院派"的特点，十分重视科研，缺少与社会联系。针对这一情况，英国政府改革了大学教育系统，发布了改革法案，实行多种教学模式，把教育科研和社会需求联系起来。通过制度推进，英国出现了如"教学公司""研究生综合训练项目"等众多产学合作计划。英国政府颁布的《1992年继续和高等教育法》建立了英格兰和威尔士高等教育基金会。2003年，英国政府发表了一份题为《高等教育的未来》的白皮书，着重介绍了在大学与实业领域的科学研究和技术转化方面的合作，并在2005年和2006年为高等级教育基金投资1.7亿英镑来保障这种合作的顺利进行。此后，英国政府致力于改革大学教育模式、制定有关的科学技术政策，促进产学研的合作。

（三）英国政府通过颁布相关科技政策推动产学研合作

英国政府在20世纪80年代就制定了一系列科技政策，并出台了相应的法律法规，以鼓励科技创新，加快科研成果的应用型转化，促进科学技术的发展和应用。之后，随着国际间竞争的白热化，英国财政部门在年度支出报告中提出要加强科技投资计划，进一步加大科技投入。此外，英国政府

第六章 发达国家产学研合作的启示

还发布了《投资与创新》战略规划,其中提出要加大投资力度,明确了通过增加投入促进产学研结合的战略。除了对高校教育模式进行改革和颁布科技政策,英国政府还对相关政策和制度进行了调整,也促进了产学研的发展。一是从制度上建立高等院校和工业产业之间的联系,建立多元化的组织结构与合作机制。二是健全有关的法律法规,为高等院校与工业产业之间的合作提供法律保障(孙天慈、孟宇,2022)。

二、英国主要的产学研合作模式

英国政府制订了专业的产学研合作计划,产学研合作活动蓬勃开展起来,并形成了以下几个具有英国特色的模式。

(一)联系计划

"联系计划"是 1986 年由英国 12 个相关部门联合组建的产学研合作项目,旨在解决研究机构与企业在产学研结合的过程中进行的商业化运作前的相关问题。联系计划要求其规划的项目必须由企业和科研机构共同申请,在经费支持方面,主要由企业和政府共同承担。按政府的出资比例,联系计划的项目可划分为产品研发项目、科研成果产品化项目和核心技术创新项目三大类。在研发方面,政府对产品研发类项目的资助比例最小,只占 25%,而对核心技术创新类项目的资助比例最大,占 50%。经过近 20 年的运作,英国政府于 2003 年使用第三方对联系计划实施成效进行独立审查和评价,得出的结论是,该联系计划在产学研结合方面取得了大量的成果,并且可以作为推广计划在英国国内继续运行下去。

（二）法拉第伙伴计划

与联系计划的发起主体不同，法拉第伙伴计划的发起人是公民团体。法拉第伙伴计划于 1997 年正式启动，其发展目标是成立一个由多所高校、金融机构、企业和独立研究机构共同组建的产学研合作机构。法拉第伙伴计划的运行模式主要是先建立一个以不同行业为基础的同盟，在此基础上加入与该行业相关的高等院校、科研机构和企业组成更大的同盟，并在联盟中履行相应的责任和权利，从而共同实现市场需求、产品需求和技术创新，以促进从科技成果到市场产品的转变。早在 2003 年，英国就已经有 20 多家法拉第伙伴组织，包含了 50 多所高等院校、25 多家研究机构和 2000 多家企业。虽然法拉第伙伴计划是一个民间团体，但是，英国政府也给予了支持，为它提供 5000 万欧元的资金。此外，贸易部等部门根据对法拉第伙伴组织三年一次的考核而进行资助，每年都会向法拉第伙伴组织提供资金，每项计划每年最高资助金额达 40 万英镑。

（三）教育公司模式

教育公司并非传统意义上的"公司"，而是英国的一个非营利组织。该组织成立于 1975 年，由英国政府科学和工程委员会、贸易与工业局、经济与社会研究所等机构联合成立，旨在加强产学研合作者之间的联系，推动中小型企业成长，并为其提供全方位的支持。教育公司模式本质上是科学研究和人才培养双重目的的制度设计，即教育公司担任协调者的角色，中小型企业以教育公司为中介获得信息和技术成果，从知识库中选择适合自己发展需要的大学或其他合作伙伴，大学则是通过选拔杰出的大学生参与项目来对其进行培养和科研训练。具体的运作方式是，首先，教育公司需要接受企业申请。在接收企业的申报前，教学公司需要派遣专业人员到申请单位进行考察，对企业的生产能力和科研能力等进行评估。其次，对企业鉴定合格后，由教学公司负责与大学或科研院所联系，提供资金支持，并按研究计划的具体要求面向社会招募合适的研究人员。至于资金分担比例，则由申请企业和教学公司各出 50%。如果是一些运营状况不好的企业，教育公司则承担四分之三的资金，其余部分由申请企业支付。最后，根据以上各项工作，教学公司在项目研发过程中主要负责对研究进程进行监控，派遣专门的工作人员定期对项目进行评估，并按时上报工作情况，直至项目圆满结束。教育公司自成立以来，与许多大学或研究机构展开了广泛的合作，为大学和企业之间的联合建立了一个交流的平台。这种组织架构旨在实现资源的优化配置，大学或科研院所能够利用科学研究来处理社会实际问题。它既推动了企业的发展，又增强了大学的科学研究水平和学术实践水平（李炳安，2012）。

（四）"三明治"模式

"三明治"模式是英国最早也是最长久的产学研合作模式。该模式是对半工半读、工科交替式教学设计的一个生动的隐喻。20世纪早期，随着社会对技术人员的大量需求，英国政府逐步采纳了这个模型。以桑德兰特技术学院为代表，在早期的教学过程中，由于学校传统的专业研究与教育模式无法满足学生的毕业需求，这让大学逐渐重视实践知识的训练，教师讲授理论知识的同时注重培养学生的实践能力。于是，该校率先采用了"三明治"的教育方式。此后，许多大学和企业纷纷参与到这种产学研结合的人才培养模式中。截至1908年，已有25个机械类企业参与该课程体系。该模式可让学生在实习的过程中充分地参与实践工作，具备更好的从业资格认证能力。由于当时的社会认同水平较低，此种方式未能被广泛地应用和推广。就像1956年布鲁内尔大学的"三明治"项目一样，仅仅吸引9名学生。尽管学校做了大力的宣传，但真正的效果并没有想象中的好。直至20世纪50年代，英国政府建立了一个国家技术教育体系，国家技术学位委员会正式将"三明治"教学作为技术学位文凭教育，"三明治"教学才得以兴盛起来。到1968年，国家学位委员会认证的参加"三明治"课程的高校学生已有1.1万人，成绩斐然。英国于1972年成立了"三明治教育大学委员会"。该委员会以论坛和学术讨论会的方式积极推进大学与政府之间的沟通，为"三明治"教育模式发展提供了有力的支持。此后，"三明治教育多科技术学院委员会"和"三明治教育与培训教育协会"等国家机构也在其中扮演着主要角色。

（五）科技计划模式

科技计划模式是英国产学研合作的主要形式，例如"建立联合科研项目"，鼓励小型企业参与产学研合作，支持大学、科研机构和企业界共同开展有潜在商业价值的科研项目。此外，影响较大的还有法拉第伙伴计划、知识转移伙伴计划、科技联合开发计划、科技企业挑战计划等项目，这些项目都是为了促进院校和生产企业间的多学科研究与合作。这些项目的运作模式是从选派生产企业中挑选管理人员和年轻工程师到高校学习，根据公司的具体需求进行个性化研发。

第六章 发达国家产学研合作的启示

（六）科技园区模式

科技园区模式最初是由英国政府与企业、投资者共同创办的，旨在解决当地就业水平低、地区经济发展较慢、科技成果产业化不足等问题。科技园投资的半数以上是公共资源，政府投资少于总投资的一半，而且园区中大部分都是中小型企业，主要是企业的科研院所以及开发与研究项目。英国的科技园区最初是效仿美国，但后来在发展过程中逐渐形成了自己的特色。园区与周边的大学关系密切，其投资构成中，大学投资占16%，而园区的董事也包含了大学的负责人，他们参与到园区的经营与管理当中。根据资料显示，园区会因其周围大学的特色专业而产生具有行业特色的产业专题。大部分园区的企业都是以非正规的形式与大学的教师进行合作，公司通常都会雇用大学毕业生，大学也非常支持教师创业，同时会减少教师的授课课时。

三、英国产学研合作的特点

（一）政府参与的多方合作机制

高校产学研合作机构在政府的扶持下，通过科学的分配，使其在运作中不会出现因参与主体多、目标多而出现内耗现象。得益于教学公司的运行机制，透明、规范的利益分享机制充分满足了各方利益的诉求，使相关利益方各得其所、各司其职，既体现了财政资金的非营利性，同时也充分发挥了市场机制的作用，促进了内聚共赢局面的形成。政府参与的多方契约机制明确了各方的权利和义务边界，从根源上预防内部冲突。英国最高科技决策和咨询组织由科技部长领导，由政府、科技界和工业界三方联合组成，共同致力于英国的产学研工作顺利开展。这种通过政府主导的合作模式，既能促进科技界和产业界的交流合作，也能在一定程度上保证产学研合作的高效性。

（二）启动合理的产学研合作机制

英国能够形成一个"动"起来的实施体系，有赖于对该体制的设计和运作，这是教育公司的组织架构真正实现其职能的先决条件。英国政府在充分尊重市场的基础上，充分利用国家的主导作用，打破产学研之间的人为壁垒，激励创新行为并促进创新行为的协同，有效促进产学合作。企业的启动机制、项目的形成机制、项目助理的选拔机制和项目的督导机制，在构建和健全有序规范的产学研合作机制中起了关键作用。

（三）构建具有区域特征的技术交流平台

英国政府建立了一个以地区为特色的技术交流平台来促进产学研项目的发展。建立这样一个技术交流的平台和网站，是为了让技术密集型企业能够更有效地从高校和科研机构获得它们所需要的技术。以伦敦LTN公司为例，它的经营方式就是为伦敦各大学的一线教师提供商务训练，以便他们能够成为这个网络平台的联络人员。联络人的工作主要是搜集有关院校的科研信息，然后利用网络平台对信息进行归类汇总，以便于企业与感兴趣的信息进行匹配。

（四）支持高等院校进行知识产业化

由英国政府设立的知识转移基金，可以有效地解决产学研合作中的资金短缺问题，在一定程度上缓解了产学研合作中的融资难问题。知识转移基金的主要任务是为高校提供产学研合作的经费。知识转移基金的使用范围包括产学研合作、向企业出售知识产权、创办企业以及为工程专业学生提供培训等。目前，仅仅在英格兰地区成立的知识转移基金就有数十个，其中比较知名的有大学挑战基金、高等教育创新基金等。英国政府将高等教育的创新资金作为长期的永久稳定的资金资助对象。英国政府还设立了一项专门的知识转移基金，以扶持高校进行知识产业化，并通过出台相关计划以及成立技术转移办公室来促进产学研结合。

第三节 德国的产学研合作

自"二战"以后，得益于其良好的经济发展模式，德国现已成为全球经济和科技强国。德国能够在经济上取得如此骄人的成绩，离不开它在技术和创新方面的领导地位。在产学研合作方面，德国也依靠其严谨的思维和执着的坚持为世界塑造了成功的产学研合作经验模型。

一、德国产学研合作的形成条件

（一）政府立法，地方政府适度参与管理

德国政府为推动产学研合作，制定了相关的国家法律，以明确各方权利与义务。《国家教育法》《改进培训场所法》《职业教育法》等相关法律法规，以及各地政府颁布的有关法规，明确了参与产学研协同育人各方的利益和作用。德国目前实行的是行政管理体制和财税体系的分权制，其制度特

点使得当地政府在推进产学研协同育人方面发挥着举足轻重的作用。地方政府结合当地实际，可以制定相关的政策和采取相应的措施来促进产学研各方的合作。

（二）政府提供财政支持并建立产学合作协调平台

德国政府和地方政府提供直接的资金支持，鼓励企业与大学进行联合研究，使企业的研发成本大大减少。为了加强大学的科研能力，政府鼓励企业参加联合研发。德国政府推出了一系列的项目，例如"卓越大学计划""高校协定2010""返乡者计划"，这些计划为各大院校提供了充足的经费，提高了大学的综合实力。为了加强产学研合作，德国政府还成立了"校企合作交流中心"，为产学研各方分担了创新风险和创新成本。

（三）税收优惠吸引企业参与

德国把减税政策当作一种激励措施，以鼓励公司参与产学研合作。在合作研发方面，企业与高校联合开发的科研成果可以享受到一定的税收减免，从而减少了企业生产经营的成本。在合作教育方面，企业雇用的学生员工可以享受税收减免，以吸引企业雇用实习生，大多数企业都愿意保留实习生岗位，企业还长期为学生提供培训的机会和很好的学习环境。

（四）重视科技中介服务机构作用

德国政府设立了专业的科技中介机构，在柏林设立了技术中介服务公司，并在全国十六个州政府首府设置分中心，为企业特别是数量众多的中小企业提供大量的技术中介服务。这些中心的主要任务是将全国高校、科研院所的技术资源以及企业的技术需要等信息汇集在一起，建立了一个信息平台，从而促进各方的合作。德国政府设立了一系列由政府主导的科技中介服务机构，为各方的合作提供咨询，成为大学、科研机构、企业和政府间开展产学研合作的一座桥梁。

二、德国主要的产学研合作模式

德国的产学研合作模式，与其自身的发展息息相关。德国政府在比较20世纪90年代美国、日本等国家的技术发展状况后，提出了以企业为主的产学研合作模式，以更好地发挥企业的集聚作用，从而促进经济的繁荣和就业的增长。德国的科研活动以严谨而闻名，这源于其独特的社会、文化和历史环境。在这样的环境背景下，形成了弗朗霍夫协会模式、双元制模式和高校科技园区模式等产学研合作模式。

（一）弗朗霍夫协会模式

1949年，弗朗霍夫协会在慕尼黑成立，该协会培养专业人才并投入到基础研究和应用型研究中。弗朗霍夫协会模式是指企业、高校和政府合作并发挥各自作用的一种机制。大学承担科研工作以及培养人才的责职，政府提供资助以使成本最小化，企业提供生产制造条件并充分发挥其营销能力。这样的分工和协作能够最大限度地利用各方优势，从而使企业获得最大化的经济效益。弗朗霍夫协会模式发展的一个主要优点是，由国家提供了相当多的资金支持，大约占到了全部资金的30%；另外，企业与建设区域内的大学、研究机构进行广泛的合作，使大学的科学研究与市场的需求建立起有效而合理的联系。按照弗朗霍夫协会模式，大学为企业输送了大量优秀和急需的人才,并且提供科学的规划指导,形成了有效的知识溢出,既使企业以较低成本获得技术优势,又可以提高学生的实践能力。弗朗霍夫协会还为大学提供了经费、设备等方面的支持,为大学生提供了一个很好的实习机会,也为高校科研成果转化提供了平台。

(二) 双元制模式

双元制的起源可以追溯到中世纪,其历史原型是基于工作场所的手工业培训(学徒制)。随着时间的推移,社会对更专业、更训练有素的劳动力的需求增加,这类培训的规模逐步扩大,并逐步扩展到企业培训和商业培训,以企业职业培训和学校职业教育相结合的起点,形成了双元制。德国的双元制主要是在企业和非全日制职业学校这两个独立的场所进行。双元制教育把企业学徒制度与职业院校的职业教育结合在一起。双元制整合了培训过程中所有参与者的资源,从而保证了符合雇主要求的合格员工的培训,在实行双管齐下的过程中,由合格的老师来指导学员完成生产训练(导师制)。在双元教学模式下,导师制的主要任务是让学生在生产活动中融入公司文化,以及进一步提升他们专业发展和职业发展的能力(肖瑶,2016)。

(三) 大学科技园区模式

虽然德国在1983年才成立了第一个科技园区,与其他欧洲国家相比要迟一些,但是,德国的科技园区发展很快,已经成立了300多个科研项目和企业孵化中心,其中最具代表性的就是慕尼黑高科技工业园区。这个高科技园区拥有全球知名的机电、电子和微电子等专业研发机构,拥有全球最先进的科学和技术，被誉为"巴伐利亚的硅谷"。同时，德国知名大学也在为其提供优秀人才和先进技术。诸多研究中心分支机构也纷纷在此地聚集。德国科技园的良好发展离不开政府的扶持和优惠的政策，离不开良好的外部运营条件。科技园区的建设目标是以大学、研究机构为依托，用其孵化器功能为企业发展提供创新平台，为大学生创造就业机会，形成产学研一体化的发展模式。科技园拥有完善的配套服务，既能为企业和大学提供基本的科研合作环境，又能有效地促进产学研的协作。此外，政府还努力通过资本、税收、金融等多种政策来引导吸引资本进入，促进投资额的增长。

三、德国产学研合作的特点

（一）德国完备的法律体系为其产学研合作奠定了充足的制度基础

德国高校的学生在其发展的道路上受到严格的法律保障。在高校自治、学术交流和教育公平等问题上，法律都进行了明确的规定。严格的法制保障让大学生能够主动参加社会活动和在经济上实现独立，这种独立也使得德国大学在实施产学研合作项目时，具备一定的社会实践技能的大学生都可以参与其中，从而获得了项目上的人力资源优势（傅茜、聂风华，2019）。

（二）政府的适度参与为产学研的战略性发展增加保障

德国的教育体制具有地区自治性，其行政权力和立法权均归地方，而不是由联邦来干涉。此外，大学的教育和行政工作更多地是以大学为主体，而不受国家的直接干预。这样的经营机制，可以让学校依据自己的实际情况，采用有针对性的经营手段和教学方式。在产学研结合发展过程中，政府适当地介入，具体表现为：为大学提供财政支持，用以改善其教学和科研环境；为高校在科技创新中承担科技创新中的创业资本风险，以促进科研成果向市场化产品的顺利转换。

（三）高等院校、科研机构和企业的深度合作成为产学研合作的不竭动力

德国产学研机构的合作关系已具有很强的稳定性和长期性，因此不像其他国家那样，必须由政府来主导。在产学研合作中，高校的主要职责是培养和输送人才，而企业和科研单位则可以成为培养优秀人才的实习基地与研究场所。德国的人才培养模式是在大学、科研机构和企业三种不同类型机构交替培养下形成的。这样的培养模式使产学研结合的计划更加完善，使双方能够在具体项目上更加紧密地开展长期稳定的合作。

第四节 日本的产学研合作

日本的产学研合作开始于第二次世界大战之后，经过数十年的发展，取得了一定的成效，对日本经济、科技、国家力量的增长产生很大的推动作用。日本的产学研合作模式由政府主导，因而"官"气色彩浓厚，它在推动日本经济发展的同时，也影响了经济活力的释放。由于受到美国等西方资本主义国家的资助和扶持，日本的产学研合作模式也附上了美国模式的影子。所不同的是，在借鉴美国等国家的产学研合作模式时，日本根据自己的实际情况和需求，不断完善产

第六章 发达国家产学研合作的启示

学研合作模式，形成了具有日本特色的"官产学"合作模式。

一、日本产学研合作的主要发展历程

（一）"二战"后到20世纪70年代末

日本之所以能在第二次世界大战之前跻身世界强国之列，很大程度上得益于明治维新后科学技术的发展和生产力的飞跃。第二次世界大战的战败，对日本的发展造成了很大的冲击，此后，无论是政府还是民众，都把发展重心从军事转向了民用。1955年3月1日，日本内阁根据"生产力改善措施"决议，成立日本生产性本部，并在机构内设立产学合作委员会，以促进财经界与学术界以及政府之间的协同合作。该委员会通过产业界的各项活动，开展社会经济制度以及与生产力相关议题的研究，促使日本国民就社会经济制度议题达成共识，推动深化产学研合作，提高日本国民经济的生产力，促进日本的经济发展和国民生活水平的改善。

日本政府在1956年正式通过了由通产省行业重组委员会提出的"产学教育体系"的建议。日本文部省在1958年建立了"委托研究制度"，鼓励日本民营企业和高校、科研院所开展各种形式的技术创新合作。1960年，日本在"国民收入倍增计划"中第一次提出，"产学研结合"是解决国民综合素质教育的主要方法。日本政府于1964年推出"奖学捐赠金制度"，即企业可以向日本国立大学捐款，并为其提供学术研究经费或奖学金。20世纪六七十年代，日本出现了产学研合作的热潮，产业技术创新也随之迅猛发展。这段时间正值日本战后经济恢复的重要阶段，企业对技术革新的需要和专业技术人才、技术工人的需求量激增,加之国家积极引导,营造了良好的外部环境,使日本很快从战败中恢复过来。此期间,日本培养了一大批的企业急需的实用型人才,创造出了一大批先进的科学技术,总结出了一系列国际领先的管理理念,以及推行了不少先进的管理方式。这些对日本经济的迅速发展起到了积极的作用,为日本在短期内重新成为世界经济大国打下了坚实的基础。

(二) 20 世纪 80 年代

日本在 20 世纪 80 年代已是全球经济实力最强的国家之一。但是,相对于其强大的经济力量,日本在科学研究领域,尤其是在基础研究领域的研究还不够成熟。日本为加强在基础科学领域的创新性研究,促使其从科研成果转化为市场产品,自 1981 年开始,政府就制定有关推进科技创新的相关制度,成立了专门的新技术部门以促使其科技管理工作更具科学性和合理性。同年,通产省制定了新一代产业基础技术研发制度,其中心内容是保证政府、企业、大学各部门之间相互协作和充分发挥各自的优势。这两项制度均明确提出了产学研结合的创新理念,同时也是最早提出大学、政府、企业三方关系的文件,标志着日本"产学官"三方协作型科研体系的正式确立。从那时起,对这三个方面的关系逐渐成为研究的主题。日本文部省于 1983 年推行"国立大学与民间企业联合研究制度",以推动产业界与高校之间的合作。这为高校和民营企业开展合作奠定了良好的制度基础。此后,高校和民营企业之间的科研合作逐步开始,相继产生了一批批研究成果。日本政府于 1986 年颁布了《研究交流促进法》,以鼓励高校科研院所、科研工作者与企业开展技术和资源交流。政策的颁布以及一系列促进产业技术发展的法规,为深化产学研合作提供了有力的法律保证。

(三) 20 世纪 90 年代至今

20 世纪 80 年代末,《广场协议》等原因引发的金融危机对日本整个国家造成了沉重的冲击。在金融泡沫的冲击下,日本的经济基础、科技实力和可持续发展的实力都被削弱,与世界第一强国美国相比,还有很长的一段距离。为此,日本决定汲取经验教训,加大对技术的投资力度,强化创新制度的建立。1995 年的《科技基础法案》使日本在工业技术创新与产学研相融合方面进行了许多重要的改革。日本政府于 1998 年颁布《大学技术转移促进法》,并通过增设联合研发机构和签订技术转让协定,强化企业与高校的合作。2000 年,日本颁布了《产业技术强化法案》,在大学内部设立专门的技术转移机构,使大学的发明专利成为新行业急需的专业技术。同时,将科技成果的一部分收益返还给科研工作者,以此来进一步健全高新技术产业技术创新与产学研合作制度。

二、日本代表性的产学研合作模式

日本通常将企业、大学和科研院所的合作称作"产学官合作"或"产学官研合作",但其基本含义都是一样的,即大学与企业之间形成以学术研究为基础的关系,以促进产业与科学研究发展。"产"指的是包括地方性财团和行业协会在内的产业界,即企业;"学"是指包括研究型院校,尤其以公立大学为典范的涵盖了研究性机构在内的公共科研机构;"官"是指日本文部省,它是为产学官合作提供政策性意见的政府机关。"产"是承担经济责任的主体，是资金的支持者与保障者，通过产学官合作对人才培养和产品创新的过程提出进一步要求；"学"是科研和创新的主体，为科研人员的发展、师资的配备、专业设备的供应等提供基础性的科研保障；"官"是制度主体，其首要任务是提供政策建议、支持立法，以及提供中介机构的支援。日本有相当一部分研究机构是国立性质的，他们与产业界的合作有合作研究、委托研究、共同研究中心和高科技园区等。不同的研究目标、任务和合作机制，可以最大限度地满足各种类型的产学研合作方式，从而实现产学研合作的灵活性和多样性。

（一）委托研究模式

民间企业、政府团体、地方团体委托公立大学的研究机构或科研人员进行相关研究，委托人负责全部科研经费，其中70%由科研人员支配，30%用于学校的行政开支。大学接受来自民间企业、地方团体和协会等组织委托的研究项目。双方就研究范围、研究期限、研究经费、专利和版权所有以及保密责任等签订合同。科研人员使用委托者的资金开展研究，其成果也归于委托者。1958年，日本政府制定了委托研究制度，规定大学可以接受企业的委托进行课题的研究，企业承担委托费用，研究结果由企业或其指定者优先使用。日本高校还鼓励教师利用外部经费接受专项委托，开展各类应用研究。1995年，日本文部省等政府机关还推出了促进特殊法人等部门有效利用政府资金开展基础研究的制度，以鼓励和推动各国立大学接受委托研究。日本政府大力倡导和鼓励企业向大学捐款，这也是提高大学基本条件、提高科研水平的良好途径（郑军、赵娜，2019）。

（二）共同研究模式

为了推动产学共同研究的发展，日本文部省于1983年制定了国立大学与民间企业的共同研究制度，以鼓励大学获得企业的研究资助经费，并促使大学研究人员与民间企业共同进行研究，将大学的研究力量与企业技术力量结合起来，不断地创造出先进而实用的科技成果。共同研究可分为两类：一类是普通合作型，即大学与各院校的科研机构联合开展科研；另一类是分担合作型，即高校与企业利用自己的设备就共同课题进行分工合作，开展研究。

（三）科技城和高新技术园模式

科技园区模式源于美国，在日本被广泛推广。科技园区依托高校、科研院所的智力资源，通过引进企业和创办企业，把各类产学研组织集中到园区，让它们彼此之间建立稳固、紧密的合作关系，以促进科技成果的产业化发展。日本政府还在国内投资建设筑波科学城、关西科学城、横滨市高新技术园、九州七县的高科技园区，以及在其他地方实施科研项目等，以形成集聚效应。日本在社会经济腾飞时，建立了多个以大学为中心的科技园，其中以筑波科学城最为知名。筑波科学城占地2700公顷，拥有49个国家重点实验室和250多家独立研究机构，汇聚了日本近四分之一的科研人员。科学城和高新技术园区的建立，不仅为大学提供了大量的科技人才，也促进了大学教学模式的变革，其集约化和规模化促进了新产品的研发及新技术、新行业的快速发展（陶乌云，2018）。

(四) 科技孵化器

科技孵化器和创业公司的孵化器很像,但不同之处在于,在科技孵化器中心,大学的老师是其中的股东,企业的经营管理者负责中心的各项业务,包括专利转让、专利申请等,以技术的交易和交流促进产学研合作的发展,从而获得收益。

三、日本产学研合作的特点

(一) 发挥政府在产学研合作中的作用

日本尤其重视政府的管理,重视产学研结合的人才培养制度化和规范化,突出体现为根据委托培养或培训制度,对人才培养采取"订单式"培养或"官产学研结合"的培养。政府在产学研实践过程中,始终处于主导地位,通过制订周密而科学的产业计划来指挥着各个阶段的产学研实践内容、方式、重点产业和促进机制,并通过多项政策来激励和引导大学和产业界开展科研实践和培养创新人才。

(二) 政策法律保障健全

日本政府非常重视对产学研模式的推广。1983 年,日本政府提出产学研教育合作体制,促进大学为企业培养优秀的社会人才,并进一步明确地推广产学研合作制度,制定了如研究室制度、经费、人员、合同、捐赠等相关规范体系,使产学研合作的制度进一步健全。日本政府为促进产学研合作发展,制定了各种法律法规,以保障日本产学研合作各方的正当权益。为了有效地推进产学研合作开展,日本政府出台

第六章　发达国家产学研合作的启示

了一系列相关政策,如 1996 年颁布《科学技术基本计划》以规范大学与企业之间的合作,1997 年推出《教育改革计划》以促进产学研人才培养。

(三) 企业成为创新主体

在"官产学研"模式下,企业作为连接学校与社会需求的重要纽带,为其他机构提供资金支持、实践机会和技术转化等机会。随着校企合作的不断深化,学校和企业立足于"共赢",在促进学生就业、师资建设、企业创新和成果转化等方面开展了有益的实践。

(四) 中介组织促进多方协同

日本经贸部和文部省负责产学研事务的管理以及产学研联合培养政策的实施和协调,日本的高校也成立了技术转让机构或者专门的产学官合作机构,为企业提供信息服务。另外,文部省科技促进局还实施了一个产学合作组织选择"协调者"制度,"协调者"主要负责企业、大学、科研单位之间的合作以及协调相关事务,从而提高合作效率。

(五) 通过税收与融资优惠吸引企业参与

日本政府采取了减税和金融激励政策以鼓励企业积极地开展产学研合作。企业如果与大学、科研机构进行联合经营,就可以享受到一定的试验研究费税额减免;企业与大学、科研机构进行合作研究与委托研究项目,则可以享受 12% 的所得税优惠。除了税收方面的优惠外,日本还出台了一些针对参与企业的金融优惠政策。1997 年,日本政府颁布了《研究开发型企业特别融资制度》,对于那些产学研合作研发成功率低的项目，可以享受不超过50%的信贷额度。

第五节 发达国家产学研合作的特点与启示

一、发达国家产学研合作发展的共同特点

随着知识生产模式的变革，产学研合作的生产基础日益扩大，各组织参与到产学研合作的活动中并扮演着越来越重要的角色。首先，合作机构类型增加。过去的产学研合作主要包括大学、政府和企业，随着合作的发展，大量新的机构如金融机构、中介机构和社会团体等都参与进来，形成了一个多样化的组织结构。其次，组织的性质发生改变。因为不同组织所奉行的价值观不同，组织功能有差异，产学研合作的组织不仅具有科学研究的特性，而且职能与目的也具有多元化的特点，这给组织的定义与划分带来了一定的难度。在产学研合作的模式改革过程中，西方国家有意支持并设立中介机构、咨询机构、评估机构等新型机构，使其组织结构更为充实。组织结构的健全也为产学研合作创造了有利的环境和保障，极大地促进了产学研合作在内容、功能、目标上的实现。

（一）注重研究的市场化导向

在产学研合作模式中，知识要素起着举足轻重的作用。而当今知识的新特征和生产方式的改变要求对其实行新的管理策略。产学研合作相对紧密的发达国家对知识管理给予了很大的关注，并且已经采取了许多行之有效的措施。产学研

合作有别于其他知识生产方式，它除了要进行知识的生产创新，对于企业而言，其基本要求是获取经济利益。产学研合作需要大量的资金、人才、技术和场地等的投入，在某种程度上，存在着较高的风险。若不以市场为导向，不关注市场需求，注重知识生产成果的技术转化和商品生产，那么，产学研合作最终的结果就是产出市场无人问津的技术，对合作双方没有任何意义，尤其是对企业方。因此，以适应市场需要的方式开展产学研合作，一是建立企业主体地位，掌握市场的基本信息，促进产学研合作的研究目标更加贴近市场需求，并根据企业的专业分析与现实状况，使其在产学研合作中的作用得到最大限度的发挥，同时也确保了大学的科研成果在市场上得到应用。二是为产学研合作各方建立起双向沟通的平台，为大学和企业提供市场数据和信息，以便双方能够及时掌握市场动态和实时需求，防止由于缺乏对市场的全面了解而造成的重复研究（李长萍，2017）。

（二）重视与加强政府的支持引导作用

由于市场并非是万能的，存在着自身的缺陷与不足，因此，如何有效地发挥政府的调控功能就显得十分必要。政府在产学研合作中具有管理、组织、协调和推动的功能，可以通过完善、配套、合理的政策和措施来推动合作模式的发展。发达国家政府大多通过制定有关政策法规、战略规划和建立中介机构，以推进产学研合作模式的发展。政府通过贷款、融资等多种方式促进产学研合作，例如对大学办学给予相应的税收减免、提供科研基金，鼓励企业积极参加产学研的合作等。同时，通过制定相关的政策、法规，促进产学研发展，激励大学和科研人员为企业和社会做出更大的贡献。

（三）注重中介机构建设

中介组织能够汇聚各方资源，有效化解产学研合作中存在的不完善问题，并在各方面进行积极的协调，为产学研合作搭建良好的桥梁和平台。国外的中介机构发展得比较早，主要是由国家或民间自发组织，并且能够为合作伙伴提供有效的帮助。资讯平台亦是科技的一种形态，可以借由科研的力量将资讯传递至社会的各个层面，进而提升沟通的效能，为大学提供学术与研究的参考。与英国的地区技术交换网类似，资讯平台有助于企业快速了解大学的技术和知识资源，是一个高效的科技信息交流平台。

（四）立足合作主体优势资源，协同培养人才

国外的产学研合作主要是为大学、企业提供人才培养与科研转化的平台，大多是"现实情景"体验式教育模式，持续一定的时间，为参与者提供创新训练及实习体验，从而提升人才的专业素质。国外的高校大都利用产学研结合的方式创建人才培养基地，为社会的科技创新创造了有利的环境和条件。例如，科技园区就为大学生提供了很好的社会实践平台。此外，高校利用科研优势与社会上知名企业合作，借助其资本优势，实现校企合作，促进学术交流和科技成果的转化。

二、发达国家产学研合作的启示

从美国、英国、德国和日本等国家的产学研合作实践中可以看出，高校的产学研合作创新模式需要政府的支持和法律法规的保障，需要与精准的需求对接。通过对以上典型国

第六章　发达国家产学研合作的启示

家产学研合作案例的分析，可以得到以下几点经验。

（一）设立促进产学研合作的国家专门机构

高校、科研机构和企业之间存在着研发、人才培养信息不对称的现象，发达国家为了降低信息不对称造成的交易成本，建立了多层次中介协调机制。整合全国各行业的资源，成立促进产学研合作的国家专门机构以推进产学研合作，从而为产学研发展创造有利条件。首先，我国需要成立促进产学研合作的国家专门机构，以促进产学研的实现。它可以是一个全国性的专业职能部门，也可以是行业委员会，它需要整合相关资源，能够在政策制定和资金分配等方面有充分的自主权。其次，建立产学研合作与产学研协同育人信息平台，以实现信息的共享与整合。最后，高校应成立专门的产学研与多方协作的专业服务组织，为企业提供相关的信息，并负责与企业洽谈业务。

（二）加强知识的交流

建立多元化的信息交流平台，确保产学研合作各方及时准确地获取所需要的信息，消除因信息不对称而造成的合作障碍；鼓励和支持科研工作者在不同组织机构中的流动，促进知识、技术、经验等要素的交流。基于知识的特征和生产方式发生了变革，以往的科学技术政策会存在滞后性和局限性，因此，应及时进行政策的调整，有针对性地制定政策，以促进知识的交流与传播。

（三）高校科研和教学应与市场需求相接合

在传统观念中，高校是培养大学生的基本场所，往往把论文和专利的数量和质量以及毕业生的就业率作为评价导向，忽视了学科与市场需求的对接。知识生产模式发生变革后，现代大学的建设应该以科研方向、学科建设规划与产业发展相联系作为办学宗旨之一，把大学建设的目标定位在研究与科技开发的基础上，力求实现科研成果的转化，把高校的课程安排及内容设计和市场导向的科研项目紧密结合，把学生培养成为更具有竞争力的创新型科技人才，以适应当前社会发展对人才的要求。

（四）调动中小企业参与产学研合作发展的积极性

利用税收、金融等优惠政策，吸引企业参与产学研合作发展，是发达国家较为普遍的一种方式。通过税收优惠，可以有效地减轻企业的税负，特别是可以有效地降低企业的经营成本，从而提高企业参与产学研和人才培养的积极性。金融优惠政策可以为参与产学研合作的企业进行融资提供便利的渠道，可以让参与合作研发的企业降低成本和风险，从而更好地吸引更多的企业。鉴于目前高校产学研合作的状况，政府应当出台相关的税收优惠政策，特别是要为中小企业设立产学研合作的税收政策，并鼓励中小企业全程参与。同时，还应制定相关的政策和措施，例如，企业和高校、科研院所共同参与的研发项目，企业从中可以享受一定的融资利率优惠等（李晓慧等，2017）。

（五）选择"最合适"的产学研合作模式

产学研合作有若干种合作模式，这些模式的适用性主要依赖于它们对实现既定目标的贡献。适当的标准能使各方发挥自己的长处、潜力和利用合作成果。合作既具有学术价

第六章 发达国家产学研合作的启示

值,也具有经济效益,在此基础上,可以将模式的特点划分为合作优势与互补优势。模式选择的恰当与否,应以实现既定目标为判断标准,要看各方是否都能充分发挥各自的优势与潜能,并在一定程度上实现其学术价值与经济效益。无论采取何种形式的合作,都要慎重地选择合作方案,尤其是选择适当的合作伙伴,是实现合作成功的重要保障。

国外发达国家和地区的产学研合作与人才培养质量的理论与实践成果,既有一定的借鉴意义,也有一定的局限性。国外的产学研合作模式在形成过程中有其特定的历史背景和社会情境,形成的理论和经验是各国的特色成果。我国与国外的经济发展状况、人才观念和教育观念都有很大的不同之处,因此不能简单地照抄和复制,应在结合我国现实国情的基础上借鉴其优秀经验,对国外典型的产学研合作模式要有所取舍,以更好地开展有中国特色的产学研合作人才培养理论研究和工作实践。

本章小结

随着知识生产模式的变革,产学研合作的生产规模日益扩大,各组织参与到产学研合作的活动中,并扮演越来越重要的角色。首先,合作机构类型增加。过去的产学研合作主要包括大学、政府和企业,随着合作的发展,大量新的机构如金融机构、中介机构和社会团体等都参与进来,形成了多样化的组织结构。其次,组织的性质发生改变。因为不同组织所奉行的价值观不同,组织功能有差异,产学研合作的组织不仅具有科学研究的特性,而且职能与目的也呈现多元化的特点,这给组织的定义与划分带来了一定的难度。在产学研合作模式的改革过程中，西方国家有意支持，并设立中介机构、咨询机构、评估机构等新型机构为之服务，使其合作的组织结构更为充实。组织结构的健全也为产学研合作创造了有利的环境和保障，从而极大地促进了产学研合作在内容、功能、目标上的实现。

产学研合作的历史在一些西方国家可谓源远流长，经历了不断的探索、完善、革新，并随教育理念、科学进步、产业发展、社会意识等因素的变化而不断演进。在这纷繁复杂的因素背后，产学研合作的改革发展实质上是围绕知识生产在不同时期的模式和特征进行的，因为产学研合作是一种知识生产形式，必须要顺应知识生产发展的新趋势。本章分析了一些发达国家产学研合作的发展历程，总结其有益经验，找出其产学研合作模式的发展特点，为我国产学研合作的发展和改革提供借鉴。从美国、英国、德国和日本等国家的产学研合作实践来看，高校的产学研合作创新模式需要政府的支持、法律法规的保障和精准的需求对接，需要构建多元化的知识交流平台，调动中小企业参与产学研合作发展的积极性，充分发挥合作各方的长处、潜力，充分利用合作成果。从西方国家产学研合作中可以得到以下经验：第一，高校、科研机构和企业之间存在着研发、人才培养信息不对称的现象，发达国家为了降低信息不对称造成的交易成本，建立了多层次中介协调机制。第二，建立多元化的信息交流平台，确保产学研合作各方及时准确地获取所需要的信息，消除因信息不对称而造成的合作障碍。第三，鼓励和支持科研工作者在不同组织机构中的流动，促进知识、技术、经验等要素的交流。第四，把大学建设的目标定位在研究与科技开发的基础上，力求实现科研成果的转化，把高校的课程安排及内容设计和市场导向的科研项目紧密结合,把学生培养成为更具有竞争力的创新型科技人才,以适应当前社会发展对人才的要求。第五,通过税收优惠,有效地减轻企业的税负,降低企业的经营成本,从而增强企业参与产学研和人才培养的积极性。第六,无论采取何种形式的合作,都要慎重地选择合作方案,尤其是选择适当的合作伙伴,这是实现合作成功的重要保障。

国外先进国家和地区的产学研合作与人才培养质量的理论与实践成果,既有一定的借鉴意义,也有一定的局限性。国外的产学研合作模式的形成有其特定的历史背景和社会情境,相关理论和经验是各国的特色成果。我国与国外的经济发展状况、人才观念和教育观念都有很大的不同之处,因此我国不能简单地照抄和复制外国经验,而应在结合我国现实国情的基础上借鉴其优秀经验,对国外典型的产学研合作模式有所取舍,以更好地开展有中国特色的产学研合作人才培养理论研究和工作实践。

第七章 知识生产模式变革下我国高校产学研合作创新

产学合作的融合是基于大学与产业（企业）的知识创新能力协同效应的内生性选择过程，而大学和产业之间的融合性则是这一协同效应产生的。知识主体的多元参与、开放的组织边界以及多方力量的实质性参与，形成了多主体共同参与的开放型科研格局。产学研各方要建立起知识交流机制，打破各职能部门、组织之间的界线，加强信息沟通的及时性和知识的共享交互，使各组织之间的联系成为一个统一的体系，以弥补各方面的不足，并能够及时地解决各种组织之间的矛盾与冲突，提高合作与分工的水平。随着科技中介机构的不断完善，企业可以利用大学、科研机构等提供的知识资源，大学和科研机构的研究活动也更具经济性，中小企业与大学、科研机构和政府等部门之间的合作关系更为牢固、持久，从而推动产学研合作良性发展。

第一节 知识生产应用情境中的产学研合作创新

在我国的产学研合作中，大学和科研院所的技术与研究成果往往难以转化为实际生产力。究其原因，在于进行科学研究和知识创新时，并没有以市场为导向，而且在科学研究和创新活动中，仍然沿用"模式1"的思维模式和研究范式。例如，大学在产学研合作的过程中，仍然以学科发展和知识创新为导向，以论文、专著、专利为目的，很少考虑到知识成果的转化，缺乏产品意识和市场意识。很明显，这与企业开展产学研合作的初衷和目标有很大的差距，导致了其投入未能实现理想效益；出于经济利益考虑，企业可能会减少投入，甚至放弃产学研合作，这样，产学研合作就有破裂的风险。合作目标难以实现，影响产学研合作主体之间建立长效稳定的合作机制，产学研合作也就不可能健康稳定地发展。因此，产学研合作应该以应用市场的需求为导向。

一、知识生产过程的情境化

在传统知识生产"模式1"的理念下，知识生产主要在单一学科的认知语境中展开，学术兴趣是主导，同质性、等级制是其主要特征（赫丹，2019），学科教学与科研的基础单位由学校内的各个单向学科构成，知识的学习过程是静态的，师生双方在自己的专业领域内互不干扰，以寻求真理与文化的终极统一性为最终目标（张庆玲，2017）。然而，随着知识商品化时代的来临，全球化趋势对技术发展与科学研究的冲击使得"模式1"难以适应社会变迁对知识生产的新要求，进而陷入无法与社会应用情景相融合的困境（赫丹，2019）。在新的文化形态下，大学也在不断回应社会的需要。知识已不再是大学的专利，知识自身走向开放性和多元性，并不断地流向社会的其他机构。知识的边界由应用的情境来确定，具体来说，是在应用中由目标顾客和用户群体决定。也就是说，知识是在特定的情况下产生的，而且往往是以问题为中心的（张兰迪，2010）。知识的传播与生产也变成了一个动态的过程，超越了单一学科的边界，以社会发展中具体问题的具体情境为参考,而动态的学科交叉与跨学科的发展必然是知识转型的主要特征之一。因此,从以科学为基础的学科"模式1"向以研究为导向的应用"模式2"转变成为必然选择。

二、知识生产主体的融合性

从传统的制度逻辑角度来分析,大学与企业处于两个截然不同的知识生产领域,它们有着明确的劳动分工。大学的知识生产任务就是要以基础研究增加公共知识储量,产生重要的学术成果,提供科学资本。基础研究本质上是非营利性的,而且很难直接创造商业利益,但其又是技术发展的先驱,必须得到公共支持或赞助。企业则是专注于能够解决具体问题且对市场有价值的应用研究。实际上,大学与企业之间两种不同的知识生产风格的形成,是建立在知识的线性发展模型基础之上的。知识的增长是科研和技术高度融合的发展过程,如果将基础研究与应用研究分开,这不利于国家创新体系的长期发展。另外,有些大学在接受财政资助时就被赋予了明确的职责,即通过应用研究推动区域创新体系及经济发展。而基于不同的理由,企业也可以进行一些基础性的科研工作,这也可以为其带来意外的商业用途。保罗·福曼在1987年提出,基础研究和应用研究之间没有可衡量的区别。1993年,杰拉德·雷尔顿也指出需要突破基础和应用的分界,以更广阔的视野,聚焦人类需要共同面对的核心问题。尽管传统观点认为大学与企业在知识生产领域存在着清晰的劳动分工,但事实上两者在基础研究和应用领域都存在着相互融合的地方。

第七章 知识生产模式变革下我国高校产学研合作创新

三、产学研合作的知识生产应用情境

(一) 产学研合作目标的市场化导向

要实现知识创新以市场为导向,首先要强化科研人员的市场意识,特别是大学和科研机构的科研人员的市场意识。这类机构的研究工作人员受大学传统的学科规训影响较深,在某种程度上存在着重视理论而忽视实践的倾向,并且他们长期从事以学科为基础的学术研究,对市场的需求和变化缺乏敏感性。因此,其研究成果应用于实际生产活动时会有很多的市场不适性。其次,在产学研合作初期需要进行市场调查,包括市场风险评估、市场需求状况评估和技术市场化条件评估等,避免盲目的合作造成产学研合作成效不高或失败。最后,在产学研合作活动中,以市场为导向,既要关注市场的需求,又要遵循市场机制的运作规律,对合作各方进行有效的资源配置,明晰职责权划分和产权归属,健全利益分配机制。

(二) 产学研合作活动在应用情境的场域下进行

知识生产模式转型的一个重要特点是,知识生产的问题设定从认知情境转向了应用情境。认知情境主要考虑的问题和问题的优先等级上以个人认知为基础,即以兴趣、好奇心、个人追求为导向。而应用情境以实际问题与社会需求为依据,以解决相关问题为目的,具有很强的针对性和实用性。这就意味着在知识生产"模式2"情境下研究问题的选择、研究目的的确立和研究结果的发布都要在应用情境的场域下进行。集发展科技、促进经济、培养人才等诸多功能为一体的产学研合作活动,迫切需要在应用情境中进行研究与创新。

(三) 产学研合作的知识生产和价值创造

产学研合作的知识生产系统由三大链条组成,包括科研链、市场链和管理链。在产学研合作的过程中,高校、科研机构和企业这三类主体构成了科研成果的供给主体,是实现科技成果向现实生产力转化的来源和基础。这三大主体都有经济属性和技术属性,并且各具特征。企业的经济实力强;大学的技术实力强;科研机构承担的主要是国家的研究项目,经费得到国家支持,拥有较高的技术水平。在实践中,各方按照各自的技术和经济实力,在市场上寻找合作伙伴。

在市场链条上,企业针对科研链上的技术成果,根据技术需求和技术状况筛选出具有较高适应性的项目,并根据其适合性来确定其投资的份额。科研链条也在不断地根据需求和技术条件的改变而不断地进行调整,并根据技术水平的提升做出相应的变化。通过这种方式,以科技成果作为主要的媒介,科研链与市场链之间的联系越来越紧密。同时,在垂直层面上,由政府组成的管理链条将对产学研合作体系起到导向的作用。政府制定的科技政策、市场政策、投资政策、合作政策都会对其他主体的活动行为有明显的影响,同时也会对市场运作的各主体的合作取向和市场运作机制产生一定的影响,并通过多种方式有效地调控市场的运行。

(四) 产学研合作主体的动态竞争与合作

产学研合作作为一种基于协作的知识生产行为,也是一种以市场为导向的市场行为,产学研合作活动主体间存在着

第七章 知识生产模式变革下我国高校产学研合作创新

竞争与合作。基于合作研究的问题或项目,这种竞争和合作的关系是动态的,对知识需求的变化也会出现产学研合作结构性的调整,从而打破原有的知识资源组合,促进大学、企业、科研机构和政府等主体间不断生成新的产学研合作组织结构。因此,产学研合作的动态竞争和协作最终取决于应用情境中的问题,一旦遇到新问题出现时,产学研各方就会对问题进行资源配置,尤其是对知识的资源进行有效的整合,形成研究团队。当问题解决或新的问题生成后,原有的研究小组如果不能解决新的问题,那么各方就会寻找新的合作伙伴,组建新的研究小组;当他们的研究方向和问题趋于一致时,他们就有可能从合作伙伴变成竞争对手。以大学为例,一方面,高校中大量受过良好培训而且精通科研方法的科研人员,将科学研究的范式弥散到整个社会,以适应市场化的竞争,从而削弱大学在知识生产领域的权威和控制力。另一方面,大学也意识到知识的扩散对其学科发展、研究方向、资金来源等各方面都产生潜移默化的影响时,大学也进一步吸纳一部分社会人员。这种矛盾使得大学培养的科研人才既是合作伙伴,也是残酷的竞争对手。面对知识生产方式转变带来的新的竞争和合作关系,产学研合作主体在合作与竞争中进行转换,以适应不断出现的、变化的应用情境中的问题。

第二节 知识产出的"跨学科组织"

在"模式1"中,知识是按学科划分并具有等级性,而在"模式2"中,知识是跨学科和流动的。"模式1"是同质的和相对自治的,而"模式2"是异质性的、自发的,更具社会责任感和自反性。在知识生产扩张过程中，高校只是其中的一个角色。知识生产"模式2"宣告了一种新的研究模式的到来，以问题为中心的跨学科研究成为新的学科发展范式，而知识的实用性则是一种新的、在后现代性大学发展中的文化形态。从单一学科、真理性、确定性到跨学科、可操作性和不确定性。知识生产模式转型的显著特征是跨学科、超学科、多学科或交叉学科等具有相似的表现形式，不同的学者对其内涵、特征有自己的总结和认识，但这些不同表述都表明，知识的生产已不再是单一学科的生成与运用，知识领域的生产日益依赖于跨学科的研究机制，突破单一学科的范畴已成为必然趋势。交叉学科并非单纯的多学科叠加，而是以知识为基础，通过不同学科的知识交流和互相补充，对应用情境中的问题实现知识资源的最优配置，从而实现解决问题、生成新知识的知识交互过程。

一、知识产出的"跨学科组织"动因

（一）跨学科组织融合的内生动力

在促进跨学科组织融合发展的内生动力中，知识生产模式变革具有客观性，而知识生产主体的自我突破则更具主观性。学科组织及其相关成员作为知识生产主体，适时变革知识生产模式，不断自我突破，不断创新知识生产，这种力量推动了组织向跨学科融合发展；现实需求驱动的学科组织及其成员的创新促使知识生产主体完成超越突破；科教融合、产教融合的驱动力，以加速社会学科的交叉融合服务于社会经济发展和促进创新创业；此外，人类知识生产对自身物质世界与精神世界的关怀，也成了跨学科组织融合发展的必然趋势（陈亮、徐林，2022）。

（二）跨学科组织融合的外部推力

从社会职能发挥的视角看，大学的形态历经了"教学型—研究型—创业型"的变化。在知识生产应用化与创新模式市场化背景下，社会对复合型人才的需求与日俱增。在人才培养方面，大学须回应社会的强烈需求，积极构建跨学科组织或平台，以培养社会急需的复合型人才。例如，数字化时代的到来刺激市场大量需求既具备行业专业能力又精通数据技术的高层次复合型人才（张庆君，2020）。同时，当代知识生产更关注解决社会提出的实际或紧迫问题，为此，须动员多学科或跨学科的专家来共同研究，需要更多具有跨学科意识与知识、掌握跨学科研究方法与能力的复合型研究者。

从学科组织变迁视角看，大学先后经历了"自治型—院系分科治理—产教融合型"等组织结构模式。学科组织由知识生产与传播拓展到同时促进知识应用。学科组织从学科导向的科层制转向问题导向的模式，例如产学研深度融合形成委托开发、合作开发、大学科技园等合作模式。产学研合作加速了学科组织与社会跨界融合进程：组织资源来源由单一来自所在大学变成来自政府、企业、学会和基金会等多元途径，组织资源更加丰富；学者由知识生产者与传播者转变为知识应用促进者与转化者；大学学科组织走向跨界融合，将学者从校园推向市场。

二、知识产出的"跨学科组织"机制

（一）解构学科组织，开放组织边界

高校跨学科研究的动力不仅来自学科知识自身的发展，

从其组织形式的历史动因看,其发展动力更多地来自外部力量。因此,创设跨学科研究机构,必须从外向内打破学科组织间的壁垒。传统的大学科研工作往往局限于单一学科领域,一般都是以各个专业为单位,组建团队,独立开展研究。这种基于学科或专业而形成的"内生性"的大学科研组织,极容易造成学科壁垒,限制学科之间的相互联系与协作。"外生性"的跨学科科研组织,人才流动畅通,管理机制灵活,资源配置更有优势,知识生产也就更具动态性和开放性。构建跨学科的知识生产组织,需要打破学科间的壁垒,破除现有大学科研机构的体制机制障碍,对传统的以学科为核心的研究机构进行必要的解构。高校知识主体的多元参与要求高校的协作、开放的组织边界以及多方力量的实质性参与,从而形成多主体共同参与的开放型科研格局(张庆玲,2017)。

(二) 以情境为纽带,创新体制机制

在知识生产"模式 2"阶段,知识生产以具体情境中的具体问题为研究对象,具有临时性、短暂性和多方性等特点,原先体制内的评估方法和人事制度已成为跨学科人员流动和跨文化交流的障碍。基于应用情境的知识生产需要多方利益相关方不断协商和谈判,将各个学科的研究人员、知识和资源进行协同,形成一个适切的研究范式。体制创新是一项长期的过程,需要在多方的共同参与下,开放组织边界,突破团队的体制壁垒,以达到体制创新的目的。知识生产模式的基本形态需要以不同的学科为基础,构建新型的文化交流体系,在不同学科之间进行平等、互信的交流。构建大学学科文化对话平台,加强学科间的学术交流,构建开放型科

第七章　知识生产模式变革下我国高校产学研合作创新

研文化，整合高校内外资源，加强大学与社会，以及不同科学间的联系，只有这样，才能促进高效的知识产出。

（三）以情境为纽带，加强知识生产异质性主体之间的交流

知识生产的转型时期，知识生产者与消费者已被"外包"模式所取代，知识生产不再局限于大学，其他的知识生产者正在形成。知识生产的其他竞争对手包括智囊团、媒体大众、专业团体、非政府组织、政府及企业研发中心等。在全民共享的知识消费时代，知识以一种普遍通用的文化模式散布于各个角落，它已不是某一特定团体独有的专利，而是以不同的形态来满足不同阶层和不同领域的不同需求。知识生产的跨学科性和参与主体的异质性，是围绕着现实问题的应用情境而展开的，不同的参与者根据各自的社会责任和利益诉求，对其所需要的知识需求以不同的方式体现在知识生产过程中，这就使得整个知识生产模式具有开放性、动态性和协同性等特点。跨学科生产主体的异质性和多元化给新型的组织生产模式也带来了挑战，大学必须通过与其他机构的合作来进行变革。加强产学研合作，包括科研和管理等方面的人才交流、科技人员之间的交流与合作，这样可以有效地弥补学科间的空隙，促进产学研合作在管理、任务分配和资源配置等层面的协调统一。

（四）构建知识共享平台，创新体制机制

在知识生产的情景化、知识生产模式的转向、知识供求模式的转变和知识主体的多元化等特点的影响下，跨学科的研究必须打破知识发展的瓶颈，在学科的"外围"形成一条

动态、开放、协同的跨学科道路。知识的生产从来不会孤立地产生，而是涉及其他相关学科的因素。多学科发展才是今后科技发展和实践的方向，跨学科的合作必须站在知识发展的高度，而不能只从单个组织或单个学科的角度去谈论跨学科的问题。用产学研合作的方式进行知识生产和创新，关键是要把各主体的知识资源整合起来，包括新理念、新技术、管理策略和信息资源等，建立知识共享平台。一方面，提高知识资源的流通频率，促进知识的高效使用；另一方面，通过知识的交流与互动，使产学研各方的知识资源相互补充，推动产学研合作的发展。

第三节　产学研合作机构的嬗变

传统的知识生产模式（"模式1"）具有一定的同质性，具有相对固定的组织结构。新的知识生产模式（"模式2"，即产学研合作的知识生产模式）具有异质性，组织形式是非等级的、多变的，当需求发生变化时，解决问题的团队结构也会随之变化。在知识生产模式2的条件下，科技与社会的边界互相渗透，它们互相融合并遵循同样的协同进化态势。尽管以往大学与产业之间明晰的组织界限已经变得模糊，但是，二者在知识生产上呈现出融合的同时也呈现出异质性，这些异质性与融合性对产学合作成效均有不同程度的影响。

一、产学研合作知识创新能力协同的驱动力

（一）打开产学研合作知识生产模式的融合界面

产学研合作的知识生产模式基于大学与产业的知识创新

第七章 知识生产模式变革下我国高校产学研合作创新

能力协同效应驱动过程。有关研究显示，像衍生公司、专利授权或使用许可等这些完全商业化的途径在大学和产业之间的知识流动中所起到的作用不大，而相对开放的合同研究、学术论文发表、科学咨询和人才培养等途径，则因其较强的融合性，在大学和企业间的知识传递中起了举足轻重的作用。基于此认识，中国高校技术转移的方式已经从过去的"高校附属企业"转变为以技术契约、高校科技园区为主导等其他模式。另外，不同类型的产学研合作方式各有利弊，最佳的合作方式应根据合作对象的目标和能力，使合作各方具有较高的融合度，从而更好地提升合作"匹配度"，实现共赢和功能互补。大学和产业合作的知识生产模式的融合界面应当是开放式的，即通过深度的相互学习和相互间的能力互补来提高创新能力的开放合作模式（如合同研究、合作研究、科学咨询）和混合机构（如联合实验室、创新合作中心和创新中心）。

（二）增强组织边界的融合性和渗透性

由于知识生产方式发生了根本变化，知识与科学、技术、文化等概念之间的边界也发生了根本性的改变，知识变成了抽象与具体、理论与实践、认知与非认知要素的结合。同时，传统的组织体系也受到了影响，各组织的边界和标准也越来越模糊，组织间的融合性和渗透性加强。知识生产基础的扩展使得产学研合作的参与者日益多元化，组织结构越来越复杂。组织间的知识资源要得到有效的流动，就需要在不同的组织边界上架设一座桥梁，模糊组织间的界线，实现组织之间的人才、技术和信息等方面的有效分工与协作，从而实现产学研合作的目标。为此，要促进和保障产学研各机构间的交流,增强机构间的渗透性。知识交流是贯穿于各个环节的,因此,应建构公共研发平台、成果转化和技术交易平台、科技资源和信息共享平台等,以整合和共享合作各方的知识资源。产学研各方要建立起知识交流机制,打破各职能部门、组织之间的界线,加强信息的沟通和知识的共享交互,使各组织之间加强联系,成为一个统一的体系,以弥补各自的不足,并能够及时地解决各种组织之间的矛盾与冲突,提高合作与分工的水平。

二、产学研合作机构的新模态

(一)跨区域产学研合作战略联盟

随着经济一体化的快速发展,区域和国际间的交往日益频繁,我国的科研院所也逐步走向国际化,并越来越重视国际间的交流和合作。跨区域的产学研合作是一种大规模的知识生产活动,其主要特征是:科研项目数量多、技术创新费用高,依靠单个科研机构很难实现,需要各区域的资源支持。在不同的参与者中,知识资源和科研能力分布不均衡,需要知识的共享和互补;合作的主体数量众多,其结构呈现出纵横交错的网络状,难以进行协调和管理。因为区域间的产学研合作关系到多个地区、科研单位、企业和多条供应链等,因此,跨区域的产学研合作必须要有一个强有力的中介来协调、监督和管理,其中最具有公信力的就是政府间的契约。为此,跨地区的产学研合作战略联盟中,应充分发挥政府的职能,发挥好协调与管理的产学研合作主体功能,建立专业机构提供咨询服务,制定相关的政策和规章,为产学研合作提供法律保证,指定或安排专业机构妥善解决因合作可

第七章　知识生产模式变革下我国高校产学研合作创新

能引起的纠纷。通过政府的作用，保证产学研合作的顺利进行，在各主体间建立互信稳定的战略联盟（张雷勇，2015）。

（二）构建灵活的产学研合作松散联盟

很多中小企业由于缺乏知识、资金、科研人员等资源，不能自主地进行技术革新或产品升级，因此，加强与支持中小企业开展产学研合作研究，对于中小企业的产学研合作成效十分重要。在西方发达国家的产学研合作关系中，中小企业的产学研合作关系得到了广泛的关注和支持，并被放到了国家科技创新发展的重要位置。由于中小企业数量多、规模小、涉及面广，要达到产学研合作的愿望和目的不能完全依靠自己的努力，也不能完全依靠政府的配合，所以，"掮客"的作用就显得尤为重要。通过科技中介建立的知识交换平台，可以让中小企业在短时间内获得相关的信息，并挑选适合自己的知识伙伴和科研组织开展迅速、高效的产学研合作。这种松散的临时合作方式，也能最大程度地保障合作各方的灵活性，充分发挥产学研各方主体的力量，加速科技攻关，提高知识产出的效率。随着科技中介机构的不断完善，企业可以利用大学等科研机构提供的知识资源，大学和科研机构的研究活动也更具经济性，中小企业与大学、科研机构和政府等部门之间的合作关系更为牢固、持久，才能推动产学研合作的良性发展。

（三）以研发联盟的方式开展产学研合作

研发联盟是由大学、科研机构、企业或者企业合作者等多个主体组成的研究机构，它基于一个共同的研究目标，在一定的周期内将合作方各自的知识资源优势进行有效的整合，形成一种新型的研究合作关系。这样的合作研发联盟能促进知识的交流，并带来组织和文化上的革新。开展产学研联合研究，需要对参与的各方进行契约规定，在经费、技术设备、人员组成等方面制定合同，做出详细的规划，为实现知识资源的共享与流动提供充分的空间与制度保障。以项目为基础的产学研合作研发联盟，对于提高合作主体的知识生产能力具有重要意义。从企业的角度来看，其研发水平参差不齐，只有大中型企业拥有强大的研究开发能力。在急需解决某一技术难题的情况下，与高校、科研机构的联合是最经济、最实际的选择。通过合作研发，企业可以提高科技水平，获取技术研发的相关经验，从而达到技术制造的目的，还可以提高自身的科研人员和组织的整体实力。对于大学、科研机构来说，研发联盟可以让它们从市场角度了解市场化理念和共享市场信息，从而增强对市场需求的敏感度，促进其研究成果能更适应市场。这样，新知识、新技术、新发明就能在生产领域得到更好的应用，从而推动自身的持续发展和研究水平的持续提高。但同时也应该注意到，研究联盟的建立是以项目为基础的，其合作周期相对较短，难以整合各个组织的知识资源、价值取向和文化理念。因此，要提高联盟组织管理工作的有效性，将各方优势资源进行有效组合。文化的交融、知识的共享与学习，是产学研合作研发联盟成功的关键。

第四节　产学研合作的质量控制和社会问责

科学知识生产是以社会的发展为依托的，为了人和社会更好地发展，改善人类的生活条件，科学知识生产的社会责

第七章 知识生产模式变革下我国高校产学研合作创新

任也日益增强,需要保证人的利益和自然的利益和谐发展。

一、产学研合作的社会问责和反思

(一)知识生产引起的社会风险演变

1. 社会风险的功利化趋向

现代社会步入了一种新的发展方式——知识驱动模式,即运用科技知识促进社会发展。然而,随着市场经济的发展,知识的资本化性质日益突出,相应也伴生了风险。经济学家奈特在他的著作《风险、不确定性和利润》中阐述了风险不仅能为人们的经济行为提供信息,而且也能为他们的经济活动带来利润(奈特,1921)。知识生产,在某种意义上不仅是为了探寻自然规律、为人类谋幸福,更多情况下是人类从事活动的工具。产学研合作的知识生产活动可以极大地提高科技的研究水平和生产力,从而为人类的发展和社会提供更多的社会财富。然而,问题在于有些公司或组织并没有合法地使用技术,而是利用技术来非法牟取利润。产学研合作如果以追求短期利益为代价,则会失去生态或经济的可持续发展,严重地破坏科学技术发展的社会功能(李晓慧,2018)。

2. 社会风险的复杂性趋向

随着知识生产的社会化趋势日益深化,在不同文化、不同地区、不同民族和不同制度下的社会风险越趋明显。同时,风险也有可能存在于各个领域,其演化路径并不单一,而是具有交叉式的特点。这使我们认识到,不合理地生产和使用知识,不但会造成经济上的损失,还会引发政治危机,恶化环境,甚至会威胁到人类的生存与可持续发展。随着信息技术的发展，产学研的知识生产带来的风险越来越难以预防和遏制，并且有可能会随着合作主体数量的增多或合作区域的扩张，风险也会越来越多，从一点蔓延至一面，从一个区域扩展到整个国家，甚至从一个国家扩展到全球。此外，知识风险具有系统性，不仅范围广，而且具有时间上的持续性。

3. 知识风险的不确定性

没有任何社会形态像今天的知识社会一样变得如此不确定。从风险产生的角度来看，风险的衍生过程具有不确定性，知识生产的结果也具有不确定性，也就是不能预见知识生产的结果。从风险演化的角度来看，其演化路径是不确定的，风险种类、累积总量等都是不确定的。因为风险具有复杂的发展轨迹，所以我们在预防知识风险时，既不能依靠经验，也不能依靠过去的思维模式。从风险产生后的危害后果来看，其潜在的危险损失和潜在的危机都是不确定的。风险最突出的特征是不确定性，这也是知识社会发展的基本特征。正是因为这种不确定性，知识生产的革新才会接踵而至，知识生产模式才会不断地进行更迭演化，产学研合作的模式与进程才会有不同程度的进步，从而促进了社会的知识化进程与经济的发展。

(二) 产学研合作的社会问责机制

1. 知识价值评估中的伦理规范

产学研合作的风险存在不确定性和突发性，受某种条件的催化还可能存在延展性。所以，从本质上讲，产学研合作风险评估的社会意义要大于科技价值，尤其是关乎人类的生命与健康、社会福利等合作项目。虽然我国已经建立了项目

第七章 知识生产模式变革下我国高校产学研合作创新

验收和技术评估机制,但这只是一个专门的技术层面,评估主体是专家,实现的是知识自身价值的评估与验收,价值体现的往往是经济利益。因此,在评价对象上,应广泛吸纳利益相关者的参与,广泛吸纳不同领域专家、学者、民众的广泛参与,例如科研合作项目实施所在区域的公众、风险受害主体等;在评价的内容上,要构建包括多个方面的道德准则和伦理规范,以保证评价工作的规范性;在评价时限方面,应坚持可持续评价和长期追踪。健全风险管控渠道,实现知识技术利益共享、风险分担机制。产学研合作的作用不仅在于其所产生的经济利益,更应关注它对自然、人类、公民权益和社会公正的影响。

2. 知识组织内部治理结构优化

在知识经济的背景下,企业的风险防范必须通过不断优化与完善的内部治理体系来实现,因为产生风险的根源主要是企业内部治理的不完善,主要体现在两个方面。一是缺乏社会责任感。许多知识生产者没有正确地意识到企业的社会责任,把企业的社会责任看作一种单纯的企业行为,没有把社会责任归入科学家和学者的个人范畴,这就导致了部分学者不愿意承担社会责任。殊不知,承担社会责任也是知识生产和创造一部分。二是认识上的不足。从知识生产和社会发展之间的联系出发,知识生产者代表着知识的生产观念,或者一种科学精神。因此,要发展科技,既要注重技术层面,也要关注道德、法律、社会等层面。要把风险意识、责任伦理、法律追究等引入到知识创造活动中和知识实践中去,让实践主体承担相应的责任。

3. 知识生产的转变应树立社会的责任感

在传统的知识生产模式("模式1")中,知识的生产被认为是完全自主的,而知识与学术受真理的支配。而新的知识生产模式("模式2")则会因受到知识经济的发展,让更多的社会团体和组织参与到知识生产的过程中,因而必须设立社会问责制度。尽管科技的重要性以及知识的生产和发展依然是关键,但研究团队要具备社会责任感,反思什么是值得做的和哪些是需要回避的,需要充分考虑到知识生产可能带来的社会风险和社会影响。在知识生产"模式2"的背景下,知识更侧重于与社会的结合,而知识的生产则对整个社会的发展产生了直接的影响。产学研合作知识生产的主体多元化使得人们更加关注社会。作为知识生产的主体,学校和企业更加重视社会的需求和社会需要解决的问题。由于工业革命所造成的种种弊端日益凸显,因此,新的知识生产把社会研究作为一个重要的研究视角。传统的经济增长理论认为,技术进步是经济发展的外生变量,资源才是经济发展的核心,而在知识经济时代,对知识的获取缓解了资源的稀缺性,知识的获取和生产正逐步成为今天经济发展的决定性因素。因此,人类必须重新思考知识与经济发展之间的关系。过去的知识生产强调人的需要与发展,而新的知识生产模式,有别于过去的工业化思维模式,更强调人的发展和人的责任。科技知识的生产是为了促进人类和整个社会的发展,改善人类的生活条件。当前的社会已经从工业社会转向后工业社会,知识生产活动也越来越重视社会责任感,需要在发展过程中保证人与自然的和谐发展。

二、产学研合作的质量控制

(一) 质量控制的新形式

传统的知识生产("模式1")是以学科发展和学术兴趣

第七章 知识生产模式变革下我国高校产学研合作创新

为导向的,主要通过选拔有能力的人(同行)担任评审,以对质量进行控制。而新的知识生产("模式2")则添加了其他的标准,采用了更宽泛的标准和更广泛的社会结构,这种更综合、多维度的质量控制机制,打破了过去对生产的知识进行质量评估所设定的边界。

(二)扩大质量评估主体范围

当教育知识的发展与公民的利益紧密关联时,教育资源的配置和社会对知识的认识在很大程度上受到公民社会的影响。与此同时,社会公共利益也向各种不同的行业延伸,公共组织、社会力量的参与打破原有的产业和政策限制,从而实现公民社会与社会公益的良性互动,使知识生产具有多元性、异质性和区域性等特点,并在知识生产的多主体条件下,产生创新触发机制、持续性竞争优势和社会繁荣的驱动力。产学研合作的过程中,除了政府、企业、学术界三大主体,还将公民、社会团体和社会力量等组织引进和吸纳到科技研发的进程中,建立起一种互动机制或社会参与渠道,从而均衡各方的目标利益,并在文化层面赋予知识和经济的可持续化导向,实现环境与经济并行、可持续发展,构建体现社会价值和效益的质量评估体系。

(三)建立质量过程监控机制

知识生产模式发生变革的背景下,大学和科研机构是知识生产与创新的重要基地。产学研合作的知识生产过程中,一方面,更多的社会资本涌入大学,为知识生产注入活力,为知识区域经济的发展添加黏合剂,提高了知识产能;另一方面,也会带来知识经济化与社会自然环境等因素的失衡,对知识生产的可持续发展造成不利影响。质量过程监测机制应该贯穿于产学研合作的整个过程,发挥监督进度、发现问题的作用,从而使问题得到及时、高效的解决。

第五节 产学研合作政策的保障机制

一、产学研合作政策的作用

政策的形式多种多样,如财政补贴政策、税收优惠政策等,这些都会影响产学研合作的程度。朱云欢、张明喜(2010)对政府补助与税收优惠的激励效果进行了实证分析,结果显示,无论是政府补助还是税收优惠,都能在一定程度上弥补合作方的利益风险,并促使企业与大学开展科研活动的合作。原长弘等(2012)对高校企业科技成果转化过程中政府政策扶持的效果进行了分析,结果表明,政府政策对高校科研成果的转化有积极的影响。姚潇颖等(2017)对国内新兴行业的调研资料进行了分析,认为国家的税收优惠等政策环境有利于促进高校与科研机构的战略合作。孙玉涛、刘小萌(2017)认为,政府政策不仅会直接影响科技成果的转化,还可以通过建立技术联盟、科技园等方式来间接地推动国家政策、法规、技术创新体系的完善,财政资金的投资将在某种程度上影响高校科研成果的转化。

二、知识生产模式变革视角下的产学研合作政策调整

知识的社会弥散使得知识生产更加开放,越来越多的组织机构参与到知识生产的活动中。产学研合作的主体也从三

第七章 知识生产模式变革下我国高校产学研合作创新

个方面向多个方面转变，并且相互之间的关系变得更为复杂，超学科和跨组织机构的倾向越来越明显，对合作成果的价值判断也分化为科学标准和功利标准。同时，知识在传播速度、传播途径等方面也从传统的单向、稳定走向多元、剧烈的弥散模式，这种模式使得知识管理变得更加困难，传统的知识管理方法不可避免地难以适应。传统上，科学与社会的沟通基本上是单向的：科学家拥有专业的知识，由他们对民众进行启蒙和教育。而现在，民众的受教育水平越来越高，他们对科学的问责不断强化，诉求也越来越高。如何根据知识生产的新特点，制定和健全科技政策，是知识生产者、知识管理者和社会大众所关心的问题。

从产学研合作的参与方来分析，参与主体的社会基础日益广泛，无疑增加了组织层面管理工作的难度和复杂程度，同时，知识资源频繁的流动和配置，进一步提高了知识的管理难度。新的知识生产方式表现出新的特点，就必然会促使科技决策进行相应的调整。对产学研合作来说，也要根据新的知识生产特点，从宏观上制定符合新知识生产特征的技术政策，以应对日益复杂的知识生产和管理局面。根据知识生产领域的新特征，可以适当地调整新的科技政策。

首先，针对知识的社会弥散性，可以在宏观层面上全面地规划知识资源，优化配置各机构各部门的的智力资源和知识管理工作，消除知识壁垒，推动不同的知识系统之间的交流。产学研合作实质上是一种交易，如果没有正确地选择合作主体，不但会影响科技成果的转化，还会产生矛盾和纠纷。合作伙伴初步选定之后订立合作协议，应在合作目标、所有权控制、研究任务的分解、成果的分享、保护各自的专有技术等广泛的问题上取得共识。签订协议后，在协议的实施过程中，可能会出现伙伴变更、事前协议的不完全等变故。合作过程的每个环节都不可避免会增加交易成本（王凯、邹晓东，2016），因此，在选择合作伙伴、签订合作协议、监督实施合作协议等产学研合作创新的过程中，包含着昂贵的交易成本。

其次，知识生产的跨学科性增强，可以采取相关的政策措施，打破学科分离的研究体制，促进各学科间、专业间的交流和合作，促进交叉学科和交叉领域的问题研究。同时，要充分利用高校、科研机构、企业等部门的知识资源，建立知识、技术和人员的有效配置，加强产学研合作的跨学科性。

最后，为了加强知识的反思性和问责性，可以制定政策进一步完善和优化合作的规则和决策程序，规范管理和运营行为，建立权、责、利统一的责任制度，促进产学研合作的知识生产在社会规范和法律框架下开展，提高知识生产的社会效益，使之更符合社会的利益诉求和获得社会公众的理解支持，这样才能保证产学研合作的目标的实现。

三、优化产学研合作政策的建议

首先，根据目前的产学研合作状况，国家应尽早调整与优化产学研合作政策，形成权威的产学研合作机制；同时，要加强政策落实，以保证政策落实到位，进一步加强产学研合作在科技成果转化中的作用。在市场经济环境下，还要强化共同体内产学研之间的知识资本和知识的横向流动与合理分配。

其次，鼓励企业加大对高校的经费投入。政府和企业是高校科研经费的两大重要来源，建议政府出台相应的优惠政策和激励措施，以鼓励企业加大科研资金的力度，推动我国的科技成果转化。同时，政府对产学研合作的政策支持也能减小企业甄别和构建合作伙伴关系的风险，使其能够更好地适应国家、社会的发展需求，从而极大地提高知识转移的绩效（张燕航、周国林、刘磊，2020）。

最后，为集聚分散于各地的知识，接触先进的科技和研发人员，减少企业的研发费用，政府可出台相关政策，提供科技信息支持、资金投入和科技成果转化服务，引导企业与各地科研机构进行技术创新，形成战略合作关系，从而促进企业新技术和产品的研究与开发。

第六节 创业型大学的衍生

一、创业型大学发展的动因

创业型大学最早产生于西方国家，其兴起主要有两方面原因。从宏观上来看，科技的快速发展对社会和经济的影响越来越明显，大学作为科技创新的主体，已经成为经济发展的重要引擎；从微观上来看，高等教育财政困境、创业型人才的培育以及技术市场的需求，都对传统的封闭型大学带来巨大的冲击，使高校不能在象牙塔里独善其身。创业型大学发展的动因可以归纳为以下四个方面。

（一）知识生产的价值层面

知识生产模式的转变对大学的学术结构变革起着举足轻重的作用，而学术资本化则是创业型大学发展的内在动力。创业型大学是在知识经济社会应运而生的一种新型大学，顺应了经济区域发展和社会需求的变化,也体现了知识生产新模式的诸多特点。在创新驱动发展的时代背景下,大学的创新创业行动实现了由量变到质变的转变。

(二) 创业型大学的职能层面

大学职能变迁和知识生产方式转变,是创业型大学治理变革的根本动因。企业家精神和创业行为已成为创业型大学的主要特征。因此,构建一个健全的创业教育体系成为创业型大学发展的出发点。与其他类型的大学相比,创业型大学成为现代经济和社会发展的核心和智力引擎。企业家精神是促进地方、区域和国家经济发展的重要力量,它的经济创造功能日益突出。创业型大学的知识资本和智力资本对当地经济增长起到调节作用,促进地区的经济发展。

(三) 教师角色转变

大学教师从教学工作到科研工作的倾斜、从知识分子到学者的角色转换,是创业型大学一个重要的表现。教师是创业型大学转型与建设的核心力量,教师角色的转变则是促进大学转型的关键。大学各部门对教师的创业扶持和政策倾斜,对教师从事创业活动有重要的影响。

(四) 内外部环境变化

从外部环境来看,创业型大学的形成主要是因为大学要依赖外部环境的资源。在外部需求、竞争压力和政策导向等外部力量的驱动下,大学对外部环境的改变做出了积极的回应,并通过价值观转变、制度创新和主体诉求等内在动力要素,对学校发展战略进行重新选择,并向创业型大学转变。

随着政府的授权,市场力量逐步渗透和增强,学术与市场力量相互影响,以市场为导向的生存模式成为创业型大学在新的生态条件下的主要发展模式。在内部环境变化研究中,创业文化对创建创业型大学有着激励、引导、凝聚、协调等作用,并推动高校向创业型大学进行转变。

二、创业科学路径

学术资本是由知识、经验和学术能力等要素积淀而成的文化资本。知识已不再是高居于象牙塔中的纯粹知识。知识资本化的过程改变了大学的角色,知识资本在大学与市场之间流动,创造经济与社会的双重价值。在知识和知识创新成为资本的基础上,高校充分发挥其学术资源的优势,实现知识、技术产品的市场化或商业化,进而推动经济和社会的发展。"知识资本"为高校创业教育提供了"资本"基础。创业科学路径是指在知识的交互作用下,大学与企业直接联系与互动并进行合作。这种路径建立在大学创业职能基础上,并按照开放的、科学的方式进行知识共享。

(一) 企业孵化器

学术资本主义的兴起,推动大学师生积极参与市场活动,并使创业教育快速融入高校课程。高校创业教育组织作为大学与市场的纽带,在外部与学术创业者和私营投资人建立了良好的关系,同时也鼓励大学教师在社会中扮演"资本家"的角色,并给学生提供了知识和技能创业的机会。大学的企业孵化器正是这种市场功能的体现。孵化中心可以为学校和公司寻求各种形式的资源支援,包括经济、社会或智力的支持,为教师、学生创业项目发展提供资金。企业可以从企业孵化器中获得免费或补助性质的物质资源，如办公场地、设备等，也可以聘请大学教师，或与教师合作共同创建公司，充分发挥教师所持有的学术资本；大学教师的专业知识在市场上的作用不只局限于其专业领域内的科研与学术本身的应用，教师在继承传统大学的学术自由和教育学生之外，还能与政府、社会企业进行交流，参与更多的市场活动，从而获得一定的经济收益。企业孵化机构也可以聘用兼职的创业导师或企业家担任兼职的教学科研人员，给创业教育注入丰富的社会实践经验。

（二）新知识体系的合作伙伴关系

在学术资本的背景下，知识成为一种以商业方式服务于社会发展的商品。创业者可运用知识进行技术创新，通过提高知识创新能力加速科研成果的转化，筹措资金开发新产品和新产业。创业教育是在知识转化为资本的背景下，将大学知识和技术扩展延伸到市场，从而充分发挥大学的学术资源优势，实现大学的社会服务职能，推动经济社会的发展。以知识为基础的经济，知识是最重要的资本，具有交换价值。发展新知识和新技术将创造更大的社会财富。知识资本的增值只是一种工具而不是最终目的，学术创新与发展仍然是大学的核心，学术资本主义内在的组织架构可以为高校提供一个平台，以促进大学体制改革和实现学术创新。

（三）知识资本化的角色

在创业科学路径下，企业向高校提供的科研经费越来越多，而大学向企业提供的商业化服务也呈现出多样化的趋势，例如咨询、技术转移、专利许可等知识服务活动十分盛行。另外，大学还可以通过自己的研究成果衍生新的企业。在知识经济时代，知识资本是社会发展的动力，知识资本化在社会发展中拥有巨大力量。大学与企业通过创业科学路径进行产学研合作，将新的研究成果通过服务现有企业或衍生新的企业，直接转化为生产力。高校与企业之间的知识合作在实践中已十分常见，对其进行理论总结，探讨其新规律、新内涵、新机制都有重要的意义。

三、创业型大学的发展原则

（一）创业型大学的发展愿景：主动服务经济社会发展

创业型高校建设的目标是主动积极服务于经济社会的发展，具有战略意义和开拓性。创业型大学服务经济社会的愿景是高校三大职能（教学、科研、服务社会）全面演化的结果，它不仅是服务社会，更是将服务社会发展的思想融入教育和科学研究之中。在教学方面，不断加强知识传播职能，以解决实际问题为主要内容；在研究领域，不断加强生产知识的职能，并注重其实际应用价值和市场认可度；在社会服务方面，形成大学、企业、政府三者产学研合作的关系，通过知识转移、创办新企业参与知识商品化和知识产业化的过程。在创业型大学中，基于对学术核心价值的均衡，三大职能秉持"服务经济社会发展"的目标，协同并进（翁默斯、王孙禹，2022）。

（二）创业型大学的内在要求：以知识应用为主导

创业型大学以知识应用为主导。相对于传统教学型大学和研究型大学而言，"学术创业"是创业型大学所展现出的独特内在要求。在创业型大学,学术资本转化成为新的历史任务。创业型大学致力于成果转化,以实现知识的经济价值,为社会和经济发展服务。当然,学术创业并非以营利为目标,而是基于大学学术应用的历史使命,其基本目标是繁荣大学学术和实现知识应用。创业型大学应把学术教育教学与科技成果转化相结合,密切关注外部社会经济和市场信息的动态变化,以社会现实问题为导向,努力解决社会生产中出现的技术难题和实际问题,同时培养各行业的应用型人才,建立技术转化平台,以促进科研成果的转化。

(三)创业型大学的组织文化:整合创业文化

大学组织文化是指大学通过自身的长期实践积累而形成的、为全校师生所认同和遵循的价值理念和行为模式。创业型大学倡导学术创新,并且将企业经营思想融入大学的管理制度和运作机制,在此过程中,大学的学者由纯粹的学术研究者转向兼具市场开发者和企业家的角色。这种从单纯致力于学术发展的传统学术文化拓展到集学术和创业为一体的创业文化,逐渐积淀成在发展学术的过程中更加注重科研的实效和通过创业来直接服务社会经济的组织文化。整合的创业文化是大学转型的重要一步,它能为大学在社会转型中提供持续的动力。整合的创业文化注重将创意、企业家精神与传统的学术文化相融合,通过对知识的探究,不断提高自身的创造力,敏锐地把握社会需求,实现知识的高效转化。

四、创业型大学的发展策略

(一)推进大学校内外协同

协调大学外部治理环境中与政府、产业的关系,在突破

第七章 知识生产模式变革下我国高校产学研合作创新

大学对政府的依赖和依附的基础上,重构大学与企业、政府的关系,形成"三螺旋"的合作伙伴关系,促进创业型大学的发展。一方面,政府赋予大学自主与自治权,同时还要关注社会、市场对大学发展的影响,及时更新对大学的管理模式,并进行系统的宏观调控,还要承担起维持大学市场化与公益性之间平衡的责任;另一方面,大学可以通过与企业的合作,减少对政府资金和资源支持的依赖性,与企业互利共赢。

(二) 强化科技研发的需求导向

创业型大学的科学研究并非"为学术而学术",而是注重知识的实际应用价值,注重解决实际问题,构建了"创新理念—科技成果产生—企业转化—推向市场"的完整的市场导向的新路径。创业型高校要把自己的研究方向转向,把重点放在社会发展需要的技术问题上,把科技成果和市场需要有机地结合起来,只有这样才能把自己的知识成果有效地应用到企业的实际工作中,推动实用技术在社会中的转化与运用。

(三) 学术导向和市场导向有机结合

创业型大学的创建既要体现出其独特的创业型价值取向,也要兼顾学术导向与市场导向相结合。学术导向是大学自身实力与发展潜力的重要保证,是大学不会偏离"学术自由"和"大学自治"的核心价值。而以市场为导向,则可引导大学培养符合社会需要的实用人才,服务于地区的经济发展。将"以学术为本"与"以市场为导向"相结合,是建设创业型大学的重中之重。创新是引领学校发展的第一动力,学校要以创新驱动的目标需求为导向,通过改革相关制度以形成并强化创业精神,让创业型成为学校和学生的共同价值取向。

(四) 建立健全创新驱动导向评价体系

目前重论文轻应用、重获奖轻转化的体制,只注重论文的数量和得奖的数量,而忽略了成果的应用和质量,这不利于创业型大学的发展。鼓励创业型大学实施注重成果转化和社会效益的评估,突出应用与创新在科技评估中的作用,使科研成果更容易应用于社会需求,加快科技成果转化为生产力。还需要建立灵活多样的学术评价体系和报酬体系,以激励学术人员积极为经济发展服务,增强技术创新能力,推动科技成果的转化。

本章小结

在我国的产学研合作中,大学和科研院所的技术与研究成果往往难以转化为实际生产力。究其原因,在于进行科学研究和知识创新时,并没有以市场为导向,而在科学研究和创新活动中,仍然沿用着"模式1"的思维模式和研究范式。例如,大学在产学研合作的过程中,仍然是以学科发展和知识创新为导向,以论文、专著、专利为前提,很少考虑到知识成果的转化,缺乏产品意识和市场意识。很明显,这与企业开展产学研合作的初衷和目标有很大的差距,导致其投入与产出不符预期;出于经济利益考虑,企业可能会减少投入,甚至放弃产学研合作。这样,产学研合作就有破裂的风险,产学研合作的目标难以实现,影

第七章 知识生产模式变革下我国高校产学研合作创新

响产学研合作主体之间建立长效稳定的合作机制,产学研合作也就不可能健康稳定地发展。因此,产学研合作的研究与创新应该以应用市场的需求为导向。

知识生产模式的转型的显著特征是跨学科、超学科、多学科或交叉学科,不同的学者对其内涵、特征有自己的总结和认识,但这些不同表述都表明,知识生产已不再是单一学科的生成与运用,知识领域的生产日益依赖于跨学科的研究机制,突破单一学科的范畴已成为必然趋势。交叉学科并非单纯的多学科叠加,而是以知识为基础,通过不同学科的知识交流和相互补充,对应用情境中的问题实现知识资源的最优配置,从而实现解决问题、生成新知识。

不同类型的产学合作方式各有利弊,最佳的合作方式应根据合作目标,选择具有更高融合度的合作对象,从而更好地提升合作"匹配度",实现共赢和功能互补。大学和产业之间的知识融合应当是开放式的合作,即通过深度的相互学习和相互间的能力互补来提高产学合作的创新能力。

知识生产模式发生变革的背景下,大学和科研机构是知识生产与创新的重要基地。产学研合作的知识生产过程中,一方面,更多的社会资本涌入大学,为知识生产注入活力,为知识区域经济的发展添加黏合剂,提高了知识产能;另一方面,也会带来知识经济化与社会自然环境等因素的失衡,对知识生产的可持续发展造成不利影响。质量过程监测机制应该贯穿于产学研合作的整个过程,发挥监督进度、发现问题的作用,从而使问题得到及时、高效的解决。

随着知识生产模式的转型,以知识生产为基础的产学研合作也出现了一系列的问题与挑战。洞察知识生产领域凸显的异质性特征有利于树立新的产学研合作理念,创新产学研合作模式。应用情境下,知识生产强调科研问题产生、方法论设计、科研成果的扩散与应用,强调研究与创新的市场化导向,尝试解决具有经济与社会价值的科学问题,缩短科技转化为生产力的路径,促进知识的市场化和商业化。面对来自企业的复杂问题,在产学合作过程中交叉范围与深度越大,越容易催生新兴学科与知识。通过构建"科学研究共同体",高校与企业在创业孵化、科技金融、成果转化、技术转让、科技服务业等领域开展深度合作,提升科技创新能力。新知识生产范式的开放性,以及研究方式、场所、参与人员、经费等知识生产要素的多样性、异质性,决定着产学研合作组织机构必然要发生变革。要搭建创新人才培育、科技创新以及高科技创业孵化平台,探索建立融合贯通的区域性或专业细分性联盟,加快科技创新资源集聚和共建共享。随着时代的发展、知识的弥散速度加快和人们思想水平的提高,知识的生产者不仅受主体价值取向的影响,也受社会公众团体的制约。如何衡量"好科学、好研究"?技术的推广不仅是谋求经济价值,更是谋求人类的健康和幸福等社会价值,因此,合作研究项目除了有市场竞争力,还需要在人文关怀等维度协同进化,知识生产者需要增强反思性和社会责任感。

第八章 我国产学研合作知识生产的成功案例分析

建立产学研相结合的技术创新体系,是提高自主创新能力的必由之路。高校要推进产学研合作的创新路径,必须努力实现体制机制、合作模式、创新人才培养三大突破。产学研合作的出发点,是在知识社会环境下的政府、企业、教育与科研机构等不同社会分工部门,在功能与资源优势上的对接与耦合。我国的产学研合作在有效地整合社会优势资源的同时极大地促进了产业技术创新能力的快速发展,促进了社会主体经济的持续发展和繁荣。本章将分析我国产学研合作知识生产的成功案例,包括"政产学研用"共同体——哈尔滨工业大学(以下简称"哈工大")机器人集团、"产学研"一体化深度合作平台——南方测绘集团和苏州纳米科技协同创新中心三个案例。经过多年的探索与实践,哈工大机器人集团已基本形成了自己的产业生态圈,打通了创新、创业、产业协同发展的商业链条,将项目的来源、项目的孵化、项目的去向等问题统筹起来,形成一套整体的解决方案和完整的创新体系、创业体系和产业体系。南方测绘集团以产业平台为核心,以产业基地为依托,整合相关的配套资源,形成具备一定的规模和聚集能力的产业环境,为地方打造产业新的增长点。其产学研合作中的重要影响因素主要有多学科和多行业的交叉融合,适应地方企业需求进行创新和产业化,学科融合、校企联动合作办学示范基地建设,教科融合、校企深度合作协同育人创新机制。南方测绘集团产学研合作的经验包括：异质性外部边界和知识边界得以拓展，各个主体相互融合，不同创新资源集聚，既满足了当地企业的技术需求，又积累了吸收能力，促进了产学研结合。在科研创新方面，校企双方通过共同承建科研课题、联合攻关、定向开发、共同研发等实践方式，寻找最适合双方实际情况的研发合作模式；加强校企深度合作，共同参与科研与地方服务，充分利用学校的智库资源和企业的市场、技术资源，联合申报科研攻关与地方服务项目，加强与各级政府部门、相关企业的联系，提升服务地方经济建设的能力；建立大学与科研机构、行业、企业联合培养人才的新机制，注重培养大学生的创新意识，培养大学生的实践能力、创造能力、就业能力和创业能力。苏州纳米科技协同创新中心始终以解决产业关键技术、有效推进重大技术转化和服务地方经济发展等为核心，与苏州工业园区纳米技术领域的五大产业领域紧密结合，确定实施五项重大任务，实现紧密结合、长期稳定的多学科、多产业协同创新，形成重大需求导向统一的战略目标。

第一节　政产学研用共同体
——哈工大机器人集团

政产学研用的主要目的是解决我国经济、社会发展中的重要问题，重点关注国家、区域、行业等领域的重大需求和突出问题。这些宏观问题涉及不同的学科、地域和行业，传统的以特定学科为研究对象的科研单位很难处理。这就意味着要从宏观层面上解决这个问题，就需要以大学为核心，通过与行业企业、科研院所、地方政府甚至是国际组织的合作，来实现对科研的有效整合。哈工大机器人集团立足黑龙江省的产业需要，以创新的科研体系与机制，以区域需求为导向，以人才、学科、科研三位一体创新能力提升为途径，面向学科前沿，融合交叉学科的优势与特色，建立人才培养与人事制度创新机制，建设特色鲜明、开放的、高水平的政产学研用共同体。哈工大机器人集团注重市场主导和产学研合作，以"产品+服务+平台"为核心，致力于研发全球领先的机器人产品，构建新的行业发展模式，加速黑龙江省的机器人和智能化设备行业的发展，提升产业的核心竞争力，促进产业结构的优化和结构调整，把黑龙江的科技创新能力转化为经济发展优势。

一、哈工大机器人集团简介

哈工大机器人集团是由黑龙江省政府、哈尔滨市政府、哈工大联合组建的，注册资本为2亿元。2014年9月20日，时任中共黑龙江省委副书记、省长陆昊视察哈工大和黑龙江省工业技术研究院时，做出了筹建哈工大机器人集团的指示。2014年12月22日公司登记注册，2015年1月6日举行揭牌仪式，集团正式投入运营。为了增强企业的自主创新能力，集团成立了研究院，聘请哈工大及校外顶尖的科学家，负责集团发展、技术规划及前沿产品研发，以及为高层次人才的培养工作提供支持。研究所同时负责项目申报、专利申报、平台申报和基地的申报与建设工作，以及集团公共服务平台及先进机器人系统装备研发基地的日常管理和服务工作。集团依托哈工大在机器人、智能装备领域等方面的技术实力，立足黑龙江，面向全国、面向世界，不断地进行自主研发，在工业机器人、服务机器人、农业自动化、智能物流、智能节能环保设备、智能铸造设备、食品药品智能成套装备、轮胎生产智能成套装备、智能成套装备制造等九大行业领域内，为客户提供独有技术、核心零部件、领先产品和配套的工业技术解决办法，全面满足了国家工业关键领域中以机器人和自动化技术为核心的高端智能装备的需求（苑超，2017）。

二、产学研合作分析

（一）优势互补，校企联手探索产业化新路

1999年8月，哈工大与海尔集团签署了机器人产业化项目合作协议，目的是充分发挥海尔集团在品牌、资金、管理方面的优势，以及有效利用哈工大的"863"项目的资金和大量的技术成果的优势。双方在满足海尔集团对机器人和自动化生产线的应用需求的基础上，积极拓展国外市场，以满足其他行业和领域对机器人产品的需求，提高我国的机器人应用水平。在双方共同发展需要的基础上，海尔集团与哈工大在1999年10月首次组建了海尔—哈工大机器人技术研发中心。哈尔滨海尔—哈工大机器人科技有限公司于2000年6月正式成立，专业从事光学、机械、电气一体化设备的设计、生产、开发和应用。通过校企合作，探索运用现代管理体制建立科技成果产业化的新途径（刘培香，2005）。

（二）强化区域基地建设，形成教育综合产业链

江苏哈工海渡工业机器人有限公司（以下简称"哈工海渡"），依托哈工大在机器人方面的多年经验，研发出了一套

第八章 我国产学研合作知识生产的成功案例分析

适合工业应用和教学需要的工业机器人。该机器人具备了自主、多元化、国际化优势相结合的教学系统，产品和技术体系已经非常成熟，市场覆盖领域十分广泛。哈工海渡将在现有的业务基础上，持续积累教育资源，完善资质认证培训，丰富企业的培训实践，强化区域基地建设，打造辐射全国的全方位的工业机器人教育产业链。

（三）兼容并包，汇聚跨学科跨区域人才团队

哈工大机器人集团的机器人产业在机器人领域有着举足轻重的地位，其队伍中有院士、长江学者、中组部的"千人计划"成员、国家杰出青年基金获得者、国家中组部首批青年拔尖人才、国家优秀青年基金获得者等优秀人才，硕博比例达到80%。集团拥有一流的科技咨询团队，使得集团在机器人研发方面一直处于国内领先地位，也是其核心竞争力之一。

（四）多位一体，打造创新创业产业促进体系

哈工大机器人集团以科技研发、产业化为宗旨，致力于打造国内领先、国际一流的机器人自主创新研发、创业孵化平台，实现尖端技术研发、创新人才培养、创业平台孵化、产业方向研究、市场投资合作等多位一体的"创新+创业+产业"促进体系。技术上不断创新，管理上引进先进的理念，建立起一种现代管理体系，运用先进的人才和激励机制，激发员工的创新活力，努力创造出中国的机器人名牌企业（李可欣，2017）。

三、产学研合作中的重要影响因素分析

(一) 以市场为导向,把脉市场定位产品

哈工大集团在创办初期还没有充分发挥其科研优势,导致了"墙里开花墙外香"的窘境。学校每年承担4000余项科研成果,但很少成果能真正适应市场需求,缺乏以市场为主导的核心竞争优势。而哈工大机器人集团的建立,让原本处于象牙塔顶端的科研工作者认识到,只有把大学的研究成果变成市场上的商品,才能实现综合效益最大化。现今,只要有市场需求,哈工大机器人集团就会有相应的产品,或者正在研发转向产品的技术。从成立之日起,哈工大机器人集团就肩负着推动整个行业发展的历史使命,在激烈的市场竞争中不断壮大。中国的机器人行业,不但要面对国外的竞争,而且还要面对来自本土的巨大挑战。目前,我国已建成40多个机器人产业园,相关生产企业由200余家增加到800余家。经过市场调查,哈工大机器人集团终于确定了其发展方向,决定转化成"产"的效益优势,以"学"和"研"为学术优势,将产品定位于工业机器人与服务机器人两大应用领域(曹宇,2018)。

(二) 促进高新技术成果与资本市场对接

毫无疑问,在推进高科技成果与资本市场的对接、推动高科技产业的落地和经济的转型升级方面,哈工大机器人集团是探索者。黑龙江省大力推出哈工大机器人集团,就是为了吸引优秀的人才和高端项目,并在资本市场上建立起一定的规模,进而带动全省的装备制造企业进行转型和提升。哈

第八章 我国产学研合作知识生产的成功案例分析

工大机器人集团在成立8个多月时就敢向传统的机器人公司发起挑战。在公司的展板上，有一系列的资料：国内第一台弧焊机器人、第一台爬壁机器人、第一台太空机器人……这一系列辉煌成就，让很多哈工大人都为之自豪，因为他们汇聚了国内最顶尖的机器人研发人才，这是任何一家机器人公司都无法比拟的。再好的人才，再好的项目，如果研究成果不能实现产业化，就不能将技术转化为产品的价值。为此，哈工大机器人集团多次参加研讨会议，专题讨论哈工大的机器人产业化问题，并做出了重要的指示，促使研究成果顺利投产。在中国，每1万个工人中仅拥有30台机器人，与西方发达国家相比，差距达10多倍。由于哈工大机器人集团的迅速发展，一向谨慎的资本市场也抛来橄榄枝。南方德茂资本管理有限公司及黑龙江省科力高科技产业投资有限公司将10亿元的创业投资基金用于扶持哈工大机器人集团在全国、世界各地开展机器人技术资源和产业资源的整合。

（三）人才优先的企业发展战略

哈工大机器人集团自创立之日起，就制定了以"人才为本"的发展策略。哈工大是国内机器人研究领域的领军大学，毕业的学生遍布全国各地，其中不乏优秀的人才。这种校企合作的先天优势，让哈工大的机器人企业再也不用为人才发愁，有了人才，就有了发展的保证。拥有国内最优秀的机器人科研人员，从院士到长江学者，到国家青年基金获得者，再到中青年科技领军人才，这是哈工大机器人集团的核心竞争力。在此基础上，集团又以哈工大科研人员、一线教师为依托，组建了科研与管理团队。哈工大机器人集团的名气也吸引了不少优秀的人才，不少机器人领域的高层次人才不断向集团聚拢。集团现有机器人领域的专兼职博士和硕士近百名。通过产学研融合,哈工大机器人集团很快就占据了市场,并将重点放在了工业领域的高端机器人上,力求成为技术的领跑者。为了加快哈工大机器人集团的发展,黑龙江省制定了一项政策,通过将科技成果转化为技术人员的收入、给予一定的奖励、允许科技工作者以技术入股等方式吸引人才。同时,哈工大机器人产业基金还将对具备发展前景的公司和研究项目进行并购。

(四) 做技术的领跑者

产学研结合迸发出巨大的市场效应。基于市场需求,企业对产品进行创新升级,提出创新概念或者直接开展产品研发;基于创新平台,科研机构与企业进行合作,进行产品创新和新技术融合,为新产品创新提供技术支持。在哈工大机器人集团厂区内,一台台自动化的包装机器人正在被装车送出工厂。这是当今世界上最先进的自动化包装堆码机器人,世界上能够自主研发、配套生产、配套服务的厂商屈指可数。产学研结合的高端技术在市场上的应用效果明显。在智能云工厂中,每一条生产线上的每一件商品,都会被监控摄像,然后通过云技术,向机器人发出下一步的指令。机械臂清除不符合标准的产品,该技术可以在任何一家企业的产品检测环节中使用,甚至可以通过手机、笔记本电脑等设备进行检测和筛选。遥操技术是整个工程的关键,它是目前世界上最先进的技术之一。在此之前,该技术仅限于少数几个发达国家拥有,并未向我国出口。经过几年的研究,哈工大机器人集团的遥操技术已在国际上处于领先地位。智能云工厂以互联网、物联网、大数据、云计算为基础,以机器人工业

第八章 我国产学研合作知识生产的成功案例分析

为核心,为服务机器人、工业机器人等提供接口服务,为机器人提供数据采集、分析、处理等服务。"互联网+机器人"远程操作技术将为我国今后至少新增 3000 万个劳动力(陈岚,2020)。

四、哈工大机器人集团的经验借鉴

构建政产学研用共同体的关键是以企业、大学与科研院所为主体,形成以政府、创新平台、中介组织等为辅助的多元主体协同互动的网络创新模式,促进知识创造主体与技术创新主体深入合作,进行有效的资源整合。经过多年的探索与实践,哈工大机器人集团已基本形成了自己的产业生态圈,打通了创新、创业、产业协同发展的商业链条,将项目的来源、项目的孵化、项目的去向等问题统筹起来,形成一个整体解决方案和完整的创新、创业和产业体系。

(一)资源共享,整合创新平台

开放式创新的本质是创新资源的流动与交换。开放式创新平台的功能在于将创新要素与资源进行高效整合。通过对相关创新要素进行聚集、交流与共享,可以有效地将技术转化为产品,从而减少生产成本,缩短生产周期。哈工大机器人集团联合了哈工大机器人技术与系统国家重点实验室、国家机器人创新中心、国家机器人检测和评价中心以及产业研究院的共同努力,在关键技术上寻求突破,力争抢占全球下一代机器人的技术高地、产业高地和人才高地。

(二)生态共建,打造创业平台

通过创业平台服务项目孵化,为孵化企业导入营销、人才、技术、供应链、品牌、资金等各种支持资源,同时为企业培养核心人才,确保创业者能够将更多的精力和资源投入到技术研发、产品生产、质量监管等核心环节,专注于企业竞争力的打造,助力企业价值的快速提升。

(三) 业态共生,建设产业平台

以产业平台为核心,以产业基地为依托,整合相关的配套资源,形成具备一定规模和聚集能力的产业环境,为地方打造产业新的增长点。哈工大机器人集团的产业协同平台是面向孵化产业发展期、稳定期和快速发展期等各个阶段的产业培训培育体系。目前,哈工大机器人集团的业务重点聚焦于智能制造、智能城市、工业机器人、服务机器人、医疗机器人、特种机器人和智能装备等。

(四) 目标共赢,构建孵化平台

随着哈工大机器人产业的迅猛发展,向来小心谨慎的资本市场纷纷投出了橄榄枝。例如南方德茂资本管理有限公司、黑龙江省科力高新技术产业投资有限公司与哈工大机器人集团联合成立了一支价值10亿元的创业基金,用于扶持企业在全球的机器人技术资源和产业资源的整合。经过多年的发展,围绕智能工厂,工业,特种服务、康疗等业务部门,在事业部下孵化出了100多家企业,其中核心企业30多家。

政府、学校和企业是政产学研用协同创新的重要利益相关者,对整个活动的顺利开展具有重要的影响,调动各方的积极性成为协同发展的关键。将企业发展和经济、生态、社会等系统有机结合,不断完成企业的创新项目,实现企业持

第八章 我国产学研合作知识生产的成功案例分析

续发展经济、社会和环境的协调发展。以资源互补利用为前提，以知识增值为核心，多方创新主体分工合作共同完成创新活动的组织契约安排。哈工大机器人集团创建了校企双赢、可持续发展、深度协作的制度体系，突出行业与地方的需求，突出实用型人才的核心能力培养，加强校企合作，充分发挥当地和企业的优势资源，加强产学研结合，增强产业竞争力和学校的影响力，把基地建设成特色鲜明、优势突出、内涵丰富、国内一流的校企合作示范基地。因此，战略计划协同是基础，产学研三方战略计划层面的趋同可以增加各方之间的认同，为构建政产学研用共同体打下信任的基础。优势知识的互动是政产学研用共同体实现的核心，可以创造出新的知识信息；而组织结构设置则是保障，合理有效的组织结构设置可以促进产学研各方的有效交流和互动，是政产学研用共同体创新效率和产出成功商业化的保障。

第二节 "产学研"一体化平台
——南方测绘集团

随着高校功能从人才培育、科学研究到社会服务的延伸，高等教育、科技、经济一体化的趋势越来越强。尤其是在知识经济社会中，大学将被推向社会发展的中心，成为社会经济发展的重要动力。产业的发展离不开相关人才的带动，学校可以为产业的发展提供人才支撑和智力支持。南方测绘集团产学研一体化营造了开放、灵活的教育环境，地方高校的专业建设充分拓展政府、行业、企业的多维教育资源，通过校企合作深化实践教学改革，积极探索专业实践教学改革路径，促进专业实践教学与学生未来职业对接，为行业、企业和地方发展培养知识、能力、素质协调发展的高素质技能应用型人才。大学教育与现代产业日趋高度融合，产学研一体化教育不仅是培养应用型人才、推动学校高质量发展和促进地方经济产业转型升级的必要举措，也为企业发展和地方经济建设提供强大的智力支持和人才保障。

一、南方测绘集团简介

南方测绘集团（以下简称"南方测绘"）于1989年在广州成立，经过多年的发展，目前已发展成为一家集研发、生产、销售、技术服务于一体的专业测绘仪器、地理信息产业集团。集团拥有广州南方测绘仪器有限公司、广州南方卫星导航仪器有限公司、广州南方高速铁路测量技术有限公司和南方测绘集团国际业务部等科技公司。目前，集团拥有30个省级分公司，140个地市级分公司，在北京、武汉、常州和广州建立5家研发生产基地，还设立了7个海外分公司。南方测绘是全球最大的测绘仪器制造基地和国家重要的地理信息产业研发、应用基地，公司的产品远销世界各地。长期以来，南方测绘一直致力于测绘地理信息产业，致力于提供面向数据、面向数字城市的产业信息化整体解决方案。南方测绘把振兴民族工业作为自己的使命，坚持自主创新，把测距仪、电子经纬仪、全站仪等一批仪器全部国产化，并取得了一批具有自主知识产权的科技成果。经过国家测绘地理信息局组织的专家评估，南方测绘在产品、技术等方面均处于国际领先地位，并在行业内排名前四，为保护生态环境做出了重要的贡献。南方测绘集团是中国测绘行业发展的重要力量，是世界一流的测绘设备和地理信息产业提供商。

二、产学研合作内容分析

(一) 学科融合,校企联动合作办学示范基地

通过校企合作,基地成为工科专业实践教学主体,由校企双方共同承担实习、毕业设计、就业创业、企业员工技能培训、工程项目承接等工作。吉首大学与南方测绘集团合作办示范基地,结合学校办学定位、专业特点、行业企业需求以及学生的潜力和工作意愿,构建了校企联动的实践教学新模式。南方测绘紧密结合吉首大学的资源环境与城乡规划管理、自然地理与资源环境、人文地理与城乡规划、土木工程、环境工程等专业,面向当地经济发展培养"用得着、下得去、做得好"的地理信息、土建、规划等领域的高级复合型应用工程技术人才。吉首大学与南方测绘集团的校企联合培养模式,充分体现了基地培养的人才特质,为当地经济发展提供了有力的支撑。南方测绘集团与地方院校共同打造校企合作示范基地,由表及里、由浅及深、由单一到全面、呈阶跃式发展,积极推动学科整合(吴吉林等,2014)。

(二) 教科融合,校企深度合作协同育人创新机制

南方测绘还与地方院校开展校企深度合作协同育人创新机制,实现教科融合的局面。共同融合校企双方资源,细致优化人才培养计划,对基地技术、资源、科研与地方服务等进行深度调查,并对各高校与企业的优缺点进行分析,细致优化人才培养方案,例如开设数字测绘与应用、企业就业指导、BIM 应用等企业特色课程,开展地形数字测绘、二类调

查实践、结构设计竞赛等活动。结合合作单位的技术队伍和学校的师资状况,组建一支"教师+师傅"的教学队伍,根据优势互补,校内外导师"结对子",实行"双师式"的教学模式,由学校老师承担理论教学的指导,企业的基本工作由专业的导师来完成。实现人才培养目标与行业需求标准、课程设置和职业规范、教学过程与实践经验、大学校园文化与企业文化、职业认知教育与学生职业规划、专任教师与兼职教师团队的整合。同时,将学校与基地、教师与学生相结合,进一步修改专业课程方案,实行分段式培养,采取"1+2+1"的教学方式(即第1学年和第4学年以学校教育为主,第2学年和第3学年以企业基地教育为重)(田建林等,2019)。

(三)校企融合共建南方测绘学院

校企融合建设科技平台,能够为资源整合、成果共享提供有利条件。众多学校与南方测绘集团合作组建了南方测绘学院,并在学院成立南方数据处理中心,举办南方数据处理培训班,共同制定人才培养方案和共建实训基地,开展技术合作和共享合作成果,使学校的办学和企业的发展相互融合。例如,昆明冶金高等专科学校与南方测绘集团共同设立南方测绘资料处理中心、南方测绘生产实习基地、昆明冶专南方测绘学院,还与南方测绘集团联合设立"南方测绘助学金"。高校科研工作者通过产学研合作,共同解决技术创新难题,共育社会实际需求的应用型人才,实现产学研一体化。高校面向南方测绘培养了测绘地理信息技术专门人才,南方测绘把测绘仪器设备、科研成果注入高校专业办学,实现了社会资源和学校教育资源的共享。企业提供生产性实训和顶岗实习岗位,为学生就业和创业创造了良好的环境(吕翠华等,2013)。

(四)校企携手开展职业技能竞赛

众多学校与南方测绘、北京拓普康等企业联合开展了技能大赛,将培养学生的实践动手能力和系统的基础知识教学有机结合起来。南方测绘集团还与大学共建实习基地,例如 CASIO 教学实习基地、昆明冶专 GIS 专业实习基地、昆明冶专激光立体扫描室等。此外,南方测绘集团还向学校捐赠实训设备和专业软件,改善实训环境,并捐赠专项资金用于培训教材开发、技术研发和推广。

三、南方测绘集团产学研合作的经验借鉴

(一)异质性外部边界拓展促进了产学研结合

以大学、企业、科研机构为主体的多主体协同互动的产学研创新模式,促进了知识创造主体和技术创新主体深度合作,实现资源有效整合、技术研发与市场需求相对接,以产学研协同创新推动企业创新发展。异质性外部边界和知识边界得以拓展,各个主体的相互融合和创新资源的集聚,既满足了当地企业的技术需求,又提升了知识的吸收能力,促进了产学研结合。产业技术的跨学科融合和创新链向产业链的整合,为科技成果转化和产业化提供了知识和技术支持,产业化所带来的经济效益进一步反哺科学研究,大学、企业、科研机构三者相辅相成,共同发展。

(二)校企携手共育科研成果

在科研创新方面,大学、企业、科研机构三方通过共同

承建科研课题联合攻关、定向开发、共同研发等实践方式，寻找最适合彼此实际情况的研发合作模式。产学研合作各方要探索形成良性的合作模式，无论采取何种形式的合作，应更多地由企业来牵头和主导，科研项目由企业和高校共同攻关和完成。形成成果后，直接通过企业的生产、销售等环节，快速推向市场，既可以加速企业对科技成果的消化吸收，实现平稳的过渡，也可以在很大程度上消除成果转化对接不畅的潜在风险。

（三）校企深度合作，服务地方经济建设

加强校企深度合作，共同参与科研与地方服务。充分利用学校的智库资源和企业的市场、技术资源，联合申报科研攻关与地方服务项目，加强与各级政府部门、相关企业的联系，提升服务地方经济建设的能力。例如：高校与南方测绘加强合作，联合文保单位和测量类仪器供应企业等，共同致力于建筑遗产保护领域的人才培养；在没有专项扶贫经费支持下的"学校资源输入的校县合作模式"，以先进的实训装备和人才优势，实施技术扶贫。通过"实战式"参与科研项目开发和地方建设服务，学生提升了专业实践能力，校企深度合作扩大了办学影响力和社会影响力，取得了良好的经济效益（喻梦哲、蒋国政，2019）。

（四）面向行业的校企合作人才培养模式

建立大学与科研机构、行业、企业联合培养人才的新机制，注重培养大学生的创新意识、实践能力、创造能力、就业能力和创业能力。大学教育教学改革要从提高学生的专业素质入手，积极适应我国经济和社会发展的需求，发挥区

第八章 我国产学研合作知识生产的成功案例分析

域、行业的办学优势，走产学研用结合的办学之路。通过工学结合、校企合作、顶岗模拟等方式让学生真正走进企业一线开展技能训练和实践，打通育人、用人的"最后一公里"，全面提高专业学生的创新能力和实践技能，构建与地方经济发展相适应的灵活、多样、开放的教学模式，形成实践教学与生产实际相融合、校内与校外资源相融合、教育与产业相融合的产学研一体化大格局。

通过构建产学研一体化融合式培养平台，为高校和企业创造一个共赢的局面。学校为企业注入了新鲜的科技血液，反过来，企业推进了学校的科研进步，也为学生们提供了与市场联系更紧密的研究课题、更多的实习基地和社会实践机会（高中松、唐纯翼，2014）。

企业的创新与发展内嵌于其社会网络中，常常通过社会网络投资与其他社会组织（如产品使用终端、供应商、高校、科研院所、政府部门等）之间结成协同联盟，并基于外部社会网络集结更多的社会资源和社会资本，促进企业发展。企业既是产学研过程中的一个环节、一座桥梁，也是负责宏观调配的指挥家。全面认识"市场导向"和"企业为主体"，是南方测绘产学研合作成功的主要原因之一。联办专业将学校和企业作为育人主体，建立长期稳定的合作关系，优势互补，资源共享，将"人才、学科、科研"融为一体，打破原有学科界限，建立以科研环境为基础、以育人为本的协同创新教育体系。紧密结合高校办学定位和办学特色，改革和创新校企联合、"产学研用"结合的人才培养新模式，结合行业品牌龙头企业的设备、技术和服务优势，结合区域资源优势和社会发展需求。将高校人才培养与地方社会经济发展的需求紧密结合，还需要进一步提升和优化校企联合培养人才的创新模式,建设"产学研"一体化深度合作平台。

第三节 行业特色性高校协同创新中心
——苏州纳米科技协同创新中心

建立行业特色性高校协同创新中心,旨在整合高校内部与外部的优质资源,协同开展技术研发和科学研究,并将人才培养和科技研发有机结合,为提升高校的教育质量做出贡献。行业特色性高校协同创新中心——苏州纳米科技协同创新中心着力建设集科研、人才、技术于一体,将研究、培养、开发一体化运行的模式。行业特色性高校的优势体现在开发研究和应用研究方面,集中力量围绕主学科形成主要领域,积极推动科学研究转化为技术开发,不断将科研成果转为社会生产潜力。

一、苏州纳米科技协同创新中心概况

21世纪是纳米科技蓬勃发展的时代,我国于2001年颁布了《国家纳米科技发展纲要(2001—2010)》,把包括纳米技术在内的新型材料产业列入了国家重点发展的战略性新兴产业之一。苏州工业园区紧跟国家发展战略需要,将纳米产业作为全区的龙头产业,以纳米科技带动周边各行业的发展。苏州大学敏锐地看到了地区产业转型升级的迫切需要,在2008年6月创办了苏州大学的功能纳米与软物质(材料)实验室。2011年,苏州大学、苏州市工业园区和加拿大滑铁卢大学共同建立了纳米科学技术学院,这是国内第一所以应用研究、学术研究和复合型人才培养为宗旨的新型学院。苏

第八章 我国产学研合作知识生产的成功案例分析

州纳米科技协同创新中心,是由苏州大学牵头,苏州工业园区主导,联合中国科学院苏州纳米技术和仿生研究所、中国科学技术大学、西安交通大学、东南大学与江苏省产业技术创新战略联盟等机构共同成立的新型协同创新基地。苏州纳米技术协同创新中心是《关于实施高等学校创新能力提升计划的意见》中的14个首批国家协同创新中心之一。它以国家战略性新兴产业为目标,以地区发展为重点,深入推进校地、校校、校所、校企的全方位协同,健全以产业需求为导向的制度体系,开展共享和联合攻关,促进纳米科技多学科交叉融合和一流学科建设,促进产学研一体化、复合型人才的培育,推动地区新兴产业的发展,抢占全球经济增长点和产业竞争制高点(钱福良,2016)。

二、苏州纳米科技协同创新中心取得的成果

(一)学科建设成果

协同中心相关的化学、工程学、材料科学、物理学等14个学科跻身ESI全球排名1%,其中,化学和材料科学两个学科跻身世界前1‰。2019"软科世界一流学科排名"中,纳米科学和技术名列世界第19位、国内第4位。该协同中心聚集了300多名有关专家,其中有3名两院院士、7名"长江学者"特聘教授、14名国家"优青"、9名国家"万人计划"科技领军人才、30多名国家"四青"人才。另外,协同中心还汇集了32个省部级及以上的基地平台;购买了国内外有关纳米、新能源、环保和材料相关的书籍8000余册,自编教材和著作10余部。

(二) 科研创新成果

协同中心成立至今，累计发表高质量学术论文 1652 篇（其中，3 篇发表于 *Science*，2 篇发表于 *Nature*）；获得授权专利 208 项，其中国际专利 30 项，获中国专利优秀奖 2 项。中心获各级科研项目 691 项，总资金经费 11.64 亿元，其中国家级项目 368 项，占项目数量的 53.25%，国家级项目经费 8.79 亿元，占项目经费的 75.52%。单项科技项目超过 1000 万元的有 14 项。此外，协同中心还获得国家自然科学二等奖 2 项、国家技术发明二等奖 3 项、国家科技进步二等奖 3 项、省级一等奖 9 项。

(三) 项目工程建设成果

苏州大学目前拥有 4 个省级协作中心，11 个校级协作中心，在江苏省排名第二。同时，一个平台的联合创新，也使一所大学与一座城市的校地协调发展成为可能。2016 年，苏州大学和苏州市政府共同发布了《关于实施名城名校融合发展战略的意见》，提出要充分利用高校院所在苏州的社会、经济、文化等方面的重要支持和学科门类齐全的综合性大学的优势，使高校资源与社会的需求相融合，确定了十大协同创新对接工作：学科产业对接工程、高端人才汇聚工程、新型智库建设工程、创新平台培育工程、医疗事业提升工程、教育资源共享工程、国际合作拓展工程、法治苏州保障工程等。作为学校承接国家重大项目的重要平台，协同中心承担了超过 30% 的重点项目，其中包括首个国家自然科学基金委创新群体项目、重大仪器专项项目和教育部国际合作联合实验室等项目 (朱雯，2013)。

第八章 我国产学研合作知识生产的成功案例分析

三、苏州纳米科技协同创新中心的成功之道

苏州大学把"协同创新"作为校企合作的重要战略思想,广泛开展校内外多方协同,与30多个国家(地区)180多所高校进行了交流和合作,共建校地研究院、校企联合研发机构100余个。以"协同中心"建设为试点,鼓励各级协调中心"大胆改革、先行先试",在组织机构、经费投入、个人待遇、岗位聘任和绩效评估等方面,给予多项政策扶持,不断形成苏州大学特色和协同亮点。

(一)签署产学研全面战略合作协议

苏州大学于2008年与苏州工业园区签署了全面的战略合作协议,在创新人才培养、科技成果转化、国家重点实验室和大学科技园建设等领域展开了深入的合作。学校在合作之初就表明,将积极参与高技术产业的转型升级,以满足园区经济社会发展和国际化发展的需求,提升学校的学科布局,不断探索校地合作的新模式并最终实现互利共赢的目标。根据工业园区经济转型和产业升级的需求,苏州大学将生物医药、材料学、化学、医药等专业向园区集聚转移,在空间上形成符合园区发展需求的总体规划。在产学研合作上,双方都在努力推进科技成果的转化和共享。苏州大学新建了技术平台和实验室,向园区的科研团队和企业开放,也向苏州大学的科研工作者开放(张浩等,2020)。

(二)以需求为导向,建立协同目标

协同中心始终以解决产业关键技术、有效推进重大技术转化和服务地方经济发展等为核心,与苏州工业园区纳米技

术领域的五大产业领域紧密结合,确定实施五项重大任务,实现紧密结合、长期稳定的多学科、多产业协同创新,形成重大需求导向的、统一的战略目标:整合前端的基础研究、中端的技术服务、后端的成果孵化,与投融资形成具有国际竞争力的纳米创新产业链。建立新型的政产学研用深度合作机制,培育纳米技术拔尖创新人才,建设国际化的纳米创新资源配置平台,形成具有国际影响力的纳米学科群。

(三) 建立交叉融合的科研组织模式

协同中心紧密结合国家和地区发展需要,积极开展科学研究合作模式,调整优化科研布局,不断发现和解决重大问题。以创新联盟为主导的共性技术和关键技术和以企业为主导的纳米科技产品等协同创新机制,共同形成可持续发展、充满活力和独特性的科研组织模式。组建大学和企业研发混合团队,企业开放研发岗位,以事业部模式承担科研任务,高校人员兼任科技副总和事业部人员,企业配套工程技术人员。突出原创性技术创新,促进团队协作和创新。大学的科研工作者参加企业的研究项目,解决前瞻性的科学问题,由企业人员解决技术创新难题,解决了"接轨难"这一难题,强化了产学研队伍的整合。

(四) 将科研资源转化为教学资源

协同中心自成立以来,在科研创新、团队建设、区域贡献等多个领域都有了重大突破。协同中心在保证科研工作的前提下,全面、有序地向大学生开放,以科研工作和活动为依托,建立吸引大学生参与科技平台活动的机制,为大学生参与科研活动创造一定的条件。苏州大学通过整合政府、企业和高校的内部资源，构建了一套全新的人才培养系统，为社会输送符合时代要求的优秀人才。

四、苏州纳米科技协同创新中心的启示

（一）创新链与产业链深度结合

协同中心聚焦我国纳米技术领域的核心问题和国家重大需求，凝练重大任务，将创新链与产业链深度结合，构建具有全球竞争优势的纳米产业链，为各产业和地区发展提供技术支持。协同中心聚集了一大群来自世界各地的杰出科学家及科研队伍，建立起了从基础研究到技术创新再到成果产业化的创新产业链；中心还建设了以"筛选、整合、转化"为核心的纳米产业技术孵化中心，以推动企业技术成果的转化与产业化，使企业的技术与产业有机结合。同时，协同中心的各个研发部门进行"定制"开发，实现了纳米技术与市场的无缝对接，协同中心真正走向了"科研—转化—产业化—科研"的循环科学发展之路。

（二）以产业需求为导向，推动科技协同创新

协同中心不断完善以产业需求为导向的制度体系，构建协调机制，引进优质资源，实现人力资源、高端试验设备、重大技术等方面的共享合作和联合攻关，在科研模式、评价激励等方面实现协同增效。协同中心一方面将政府、企业、高校、技术转让机构等要素资源整合起来，向区域内的高校、企业、社会进行全方位的开放，为企业的技术创新提供支持；另一方面，借鉴世界各国的成功经验，汇聚国际纳米科技精英，形成一个开放、共享的协同创新网络。在整合区

域公共服务资源方面,以人才、科技资源和现有的资源为基础,通过举办区域内的展览等活动,极大地推动了国内外优秀的人才和科技成果的聚集。在此基础上,构建了面向纳米产业的技术咨询、技术检测和工程应用的公共技术服务平台。

(三) 建立科教协同—人才培养—反哺教学的科研机制

树立科学育人观念,加强科学研究平台的育人作用。协同中心借助各种资源优势,使科学研究的思维和理念渗透到学生的整个教学过程中。首先,在课堂上引入纳米技术的前沿技术,让科研人员可以直接参与专业课程的教学,把最新的科学研究和前沿知识融入课堂中,提高大学生对科学研究的兴趣,让他们更早地投入到科学研究中去。其次,全面推行大学生全过程导师制,建立"顾问"制度,加强对学生的研究、教学等多方面的指导,增加学生参与科学研究的机会,培养他们的探索性和创造性。此外,以科研项目、各级大学生创新创业训练项目以及毕业论文设计为切入点,构建"本—硕—博"多层次的科研项目参与机制,建立"科教协同—人才培养—反哺教学"的科研机制(杨阳等,2020)。

(四) 聚集各方资源优势,积极实现合作共赢

在经济转型升级过程中,地方政府和企业对地方大学的需求主要集中在人力资源、科教资源和创意资源等三个方面。而在高等教育改革发展中,经济资源、政策资源、信息资源是我国高等教育改革和发展的重要资源。产学研协同创新的合作,能够使各方的资源优势得到最大程度的利用,从

第八章 我国产学研合作知识生产的成功案例分析

而获得更多的外部资源,提高各方的竞争能力。只有把地方大学的优势资源和当地政府的优势资源有机地结合起来,才能达到互补和协同发展的目的。地方大学要坚持走创新发展道路,不断深化体制改革,改变当前高校内部和外部机制的体制障碍,完善大学制度,释放人才、资源等创新要素的活力。

第四节　产学研合作成功案例的启示

产学研合作是社会经济发展和社会分工发展到一定阶段的产物,是科学教育与社会生产相结合的形式,是知识时代和市场经济的必然选择,其实质是知识转化为生产力的方式。作为整合我国企业、高等学校和科学研究机构等各创新主体的有效手段,产学研合作是参与主体共同发展,推进科学技术开发、技术改造和技术创新,加快成果实际应用,促进科研成果商品化、产业化,提高社会生产力,完善国家科学技术创新体系,增强我国综合实力的有效途径。同时,产学研结合也是大学与企业建立关系以更好培养人才、服务社会的重要方式。

一、以市场为导向,坚持产学研用相结合的价值理念

产学研用合作的关键在于突破产、学、研、用各方的壁垒,以社会发展和国家利益为旨归,利用各种独立的技术,把属于不同管理系统的科技人员与资源进行有效整合,使其发挥最大的作用。为此,要进一步解放思想,解放科技人才,推进产学研用结合,进一步明确应用研究要面向市场,

紧盯需求，形成以企业为主体的产学研用机制，实现产学研用的无缝链接。高校要以与企业的密切合作为基础，促进科技创新与人才的培育。

二、以校企为主体，实现知识、技术和资源的跨组织转移

合作主体差异性的核心本质是主体间资源的差异。主体差异性主要来源于主体间技术的差异、知识存量的差异、文化背景和制度环境差异，以及能力的差异等。因为存在这些差异，企业与产业链中不同位置的企业展开合作时，合作主体的差异性就将对其合作产生影响。不同主体间在价值观、角色期望、激励机制等方面相互作用，相互合作，以获取各自所需的知识、技术和能力，通过学习和转移进行资源的获取和整合，进而提升企业自主创新能力（李梓涵，2016）。

三、大力扶持知识型的中介服务机构，建立异质性信息交流服务平台

积极扶持和培育生产力促进中心、评估咨询机构、科技信息中心、知识产权法律中介机构等一批具有自主知识产权的中介服务组织，并依托中介服务机构，搭建产学研信息交流服务平台，通过不同类型的中介服务，解决产学研合作中存在的信息不对称问题。中介服务可以让中小企业在短时间内获得需要的相关信息，并挑选适合自己的知识伙伴和科研组织来开展迅速、高效的产学研合作。这种松散的临时合作方式，能最大程度地保障合作各方的灵活性，充分发挥产学研各方主体的力量。

四、突破产学研用合作模式障碍,打造多元化跨组织合作模式

科学有效的合作模式是推进产学研用结合的基本保障,是各参与主体实现共同发展的载体。大学要发挥多学科优势,与大型企业建立战略联盟;要面向未来新兴技术,成立新兴产业技术研究院;要面向中小企业发展需求,建立共性技术研发平台。共建实体是产学研合作中最高级、最紧密的实施方式,也是目前最重要、最有成效、合作最为成熟的模式。由于受空间距离或参与主体较多等因素的限制,一些高校、企业无法通过共建实体或建立联合组织等方式实现主体间的有效沟通,因此,通过网络平台的方式建立虚拟联合研发组织,也是实现参与主体相互联结的一种有效形式。

五、夯实产学研协同育人的内驱力,促进学科群与产业无缝对接

一方面,从企业的角度来看,企业参与产学研合作的基本目标之一是提高企业的技术创新能力。企业想要通过产学研合作获得更多明示知识和隐性知识,而企业只能通过不断地积累来获得更多的知识和技术,只有这样,企业的技术创新能力才能不断提高,企业才能更好地参与到产学研的工作中去。另一方面,高校需要优化基础学科和应用学科的结构,使学科群与工业相结合,既要服务产业,又要带动产业发展,力争使高校若干优势学科能够在国家经济建设和战略性新兴工业中真正起到引领作用。产学研合作还应结合企业的实际情况,不断优化人才培养环节,突出针对性,让企业对创新人才的渴望成为企业积极参与产学研用合作的深层内驱力。

六、完善政策法规及社会责任体系,保障产学研合作的顺利开展

首先,产学研用合作通常无法由市场行为自发地实现,必须建立一系列的政策、法规和法律制度,以规范与限制合作的行为,明确各种合作主体的责任与权利。其次,合作方须建立共同投入,共享成果、技术、市场、管理等的合作机制,以促进高校产学研用合作健康、持续发展。再次,要健全"产学研用"相结合的考核与激励机制,在推进高校体制改革的过程中,要不断完善科技成果评估制度。最后,要积极贯彻国家有关技术转移的相关政策,鼓励高校和科研院所开展产学研合作。

本章小结

企业既是产学研过程中的一个环节、一座桥梁,也是负责宏观调配的指挥家,全面认识"市场导向"和"企业为主体",是产学研合作成功的主要原因之一。本章讨论了我国产学研合作知识生产的三个项目案例:政产学研用共同体——哈工大机器人集团、"产学研"一体化深度合作平台——南方测绘集团,以及苏州纳米科技协同创新中心。分析案例,我们得到一些有益的结论:产学研用结合,须紧密结合高校办学定位和办学特色;改革和创新校企联合产学研用结合的人才培养新模式;充分发挥行业品牌龙头企业的设备、技术和服务优势;发挥区域资源优势,满足社会发展需求。将高校人才培养与地方社会经济发展的需求紧密结合,还需要进一步提升和优化校企联合培养人才的创新模式,建设产学研一体化深度合作平台,实现校企共赢、可持续发展

第八章 我国产学研合作知识生产的成功案例分析

和深度合作。我国产学研合作知识生产的项目案例提供了如下经验借鉴。

第一，以企业、大学、科研机构为主体的多主体协同互动的产学研创新模式，促进了知识创造主体和技术创新主体的深度合作，实现资源有效整合、技术研发与市场需求相对接，以产学研协同创新推动企业创新发展。异质性外部边界和知识边界得以拓展，各个主体的相互融合和创新资源的集聚，既满足了当地企业的技术需求，又提升了知识的吸收能力，促进了产学研结合。产业技术的跨学科融合和创新链向产业链的整合，为科技成果转化和产业化提供了知识和技术支持。产业化所带来的经济效益进一步"反哺"科学研究，使大学、企业、科研机构三者相辅相成，共同发展。

第二，在科研创新方面，产学研合作各方通过共同承建科研课题联合攻关、定向开发、共同研发，寻找最适合各方实际情况的研发合作模式。产学研合作各方要探索最佳的合作模式，无论采取何种形式的合作，应更多地由企业来牵头和主导，科研项目由企业和高校共同攻关和完成。形成成果后，可直接通过企业的生产、销售等环节快速推向市场，既可以加速企业对科技成果的消化吸收，实现平稳的过渡，也可以在很大程度上消除成果转化对接不畅的潜在风险。

第三，建立大学与科研机构、行业、企业联合培养人才的新机制，注重培养大学生的创新意识、实践能力、创造能力、就业能力和创业能力。大学教学改革要从提高学生的专业素质入手，积极适应我国经济和社会发展的需求，发挥区域、行业的办学优势，走产学研用结合的办学之路。实行"校企合作"的实践教学模式，培育具有较强应用和创新意识、具有核心竞争优势的复合型、应用型工程技术人才。通过构建校企协同融合式培养平台，为高校和企业创造一个共赢的局面：学校为企业注入了新鲜的科技血液，反过来，企业推进了学校的科研进步，也为学生们提供了与市场联系更紧密的研究课题、更多的实习基地和更多的社会实践机会。加强校企深度合作，共同参与科研与地方服务，充分利用学校的智库资源和企业的市场、技术资源，联合申报科研攻关与地方服务项目，加强与各级政府部门、相关企业的联系，提升服务地方经济建设的能力。

第九章 结语

知识生产"模式 2"的一个核心理念就是知识走向市场。知识只有走向市场化，才能突破原有的"模式 1"的枷锁，最大限度地发挥其社会的功能，改变我们的经济，只有这样，知识经济才能实现。因此，我们应该很好地利用知识生产"模式 2"的理论来指导我国的大学、企业、政府之间的沟通，为知识的管理提供符合我国特色的制度保障，使我们的知识能够更好地、更及时地进入到社会的生产当中，带动经济的发展。

知识不再是专家学者的专利，每个人都可以成为知识生产者。以市场驱动的产学研协同创新体系，立足于行业、社会和企业自身发展的现实需要。产学研结合的技术方向与国家产业战略和社会发展的总体趋势高度吻合，合作的深度推进，必然有利于促进科学技术创新和产业发展，有利于推动产业结构转型升级和经济发展方式转变，为我国国民经济发展和综合国力提升发挥积极的促进作用。

在知识的实践应用中，人们可以验证和深化对知识的认识，并从中发现问题，从而推动知识向前发展，形成实践—知识—生产力之间的相互促进和良性循环。第二次学术革命产生了创业型大学，使得大学成为集教学、科研和创业于一体的制度体系。大学的知识开放形态也从知识传播、知识生产演化到了知识创业或知识资本化。大学正经历着从知识生产、传播到创业的转变。在知识社会中，知识创业将在促进区域、国家经济发展中起非常重要的作用。知识创业或知识资本化的本质是知识被创造和传播,既是为了具体学科的发展,也是为了知识的商业化应用。由于知识资本化成为经济与社会发展的基础,因此,大学在经济发展中的作用越来越重要。

随着知识生产模式的转型,以知识生产为基础的产学研合作也出现了一系列的问题与挑战,洞察知识生产领域凸显的异质性特征有利于树立新的产学研合作理念,创新产学研合作模式。在应用情境下,知识生产强调科研问题的产生、方法论设计、科研成果的扩散与应用,强调研究与创新的市场化导向,尝试解决具有经济与社会价值的科学问题,缩短科技转化生产力的路径,促进知识的市场化和商业化。面对来自企业的复杂问题,产学合作过程中交叉范围与深度越大,越容易催生新兴学科与知识。通过构建"科学研究共同体",在创业孵化、科技金融、成果转化、技术转让、科技服务业等领域开展深度合作,提升科技创新能力。新知识生产范式的开放性,研究方式、场所、参与人员、经费等知识生产要素存在的多样性和异质性,这必然会带来产学研合作组织机构的变革。应搭建创新人才培育、科技创新和高科技创业的孵化平台,探索建立融合贯通的区域性或专业细分性联盟,加快科技创新资源集聚和共建共享。随着时代的发展、知识的弥散速度和人们思想水平的提高,知识的生产者不仅受主体间价值取向的影响,也受社会公众团体的制约。如何衡量"好科学、好研究"?技术的推广不仅是谋求经济价值,更是谋求人类的健康幸福等社会价值。因此,合作研究项目除了要有市场竞争力,还需要在人文关怀等维度协同进化。知识生产者需要增强反思性和社会责任感。

第九章 结语

　　高校产学研合作活动与其所处的社会环境构成了一个有机的生态系统,知识生产模式的变革是导致产学研合作模式生态演替的重要动因。产学研合作的知识生产形式符合现代知识经济的发展需要。最好的方式便是将大学、企业、科研机构等部门联合起来,形成一个新的合作组织,通过各方优势资源的互补,解决研究过程中各方的短板,实现技术的创新和知识的生产。产学研合作是以知识生产为基础的,又是知识生产的一种表现形式,知识生产的转型和一些新特征的凸显对产学研合作模式也产生了多方面的影响,主要涉及研究范式、组织机构、质量控制等方面。分析知识生产模式转型对产学研合作模式的影响有利于抓住知识生产领域的最新发展趋势,优化和调整产学研合作模式的选择,从而促进产学研合作的健康发展。

　　企业既是产学研过程中的一个环节、一座桥梁,也是负责宏观调配的指挥家。全面认识"市场导向"和"企业为主体",是产学研合作成功的主要原因之一。产学研结合要紧密结合高校的办学定位和办学特色,改革和创新校企联合产学研用结合的人才培养新模式,充分发挥行业品牌龙头企业的设备、技术和服务优势,发挥区域资源优势,满足社会发展需求。将高校人才培养与地方社会经济发展的需求紧密结合,还需要进一步提升和优化校企联合培养人才的创新模式,建设产学研一体化深度合作平台,实现校企共赢和可持续发展。

参考文献

Aghion, P., Dewatripont, M., Stein, J. C. Academic Freedom, Private-Sector Focus, and the Process of Innovation [J]. Rand Journal of Economics, 2008, 39 (3): 617 - 635.

Ahmad, N. H., Halim, H. A., Ramayah, T., et al. The Ecosystem of Entrepreneurial University: The Case of Higher Education in a Developing Country [J]. International Journal of Technology Management, 2018, 116 (2): 52 - 69

Arora, A., Belenzon, S., Patacconi, A. The Decline of Science in Corporate R&D [J]. Strategic Management Journal, 2018, 39 (1): 3 - 32.

Baba, Y., Shichijo, N., Sedita, S. R. How Do Collaborations with Universities Affect Firms' Innovative Performance? The Role of "Pasteur Scientists" in the Advanced Materials Field [J]. Research Policy, 2009, 38 (5): 756 - 764.

Becker, G. S., Murphy, K. M. The Division of Labor, Coordination Costs, and Knowledge [J]. Quarterly Journal of Economics, 1992, 7 (4): 1137 - 1160.

Belderbos, R., Gilsing, V. A., Suzuki, S.. Direct and Mediated Ties to Universities: "Scientific" Absorptive Capacity and Innovation Performance of Pharmaceutical Firms. Strategic Organization, 2016, 14 (1): 32 - 52.

Bush, V. Science—the Endless Frontier: A Report to the

President on a Program for Postwar Scientific Research [M]. Washington, D C: National Science, 1945.

Choi, H., Shin, J., Hwang, W. S. Two Faces of Scientific Knowledge in the External Technology Search Process [J]. Technological Forecasting and Social Change, 2018, 133: 41 - 50.

Cohen, W. M., Nelson, R. R., Walsh, J. P.. Links and Impacts: The Influence of Public Research on Industrial R&D [J]. Management Science, 2002, 48 (1): 1 - 23.

Drucker, P. F. The Age of Discontinuity: Guidelines to Our Changing Society [M]. London: PAN Books LTD., 1971.

Etzkowitz, H., Leydesdorff, L. The Dynamics of Innovation: from National Systems and "Mode 2" to a Triple Helix of University-Industry-Government Relations [J]. Research Policy, 2002, 29 (2): 109 - 123.

Falyakhov, I. Corporate Qualification of the Mentor in the Dual Education System [J]. Journal of Social Studies Education Research. 2018, 9 (2): 89 - 103.

Foucault, M. The Archaeology of Knowledge [M]. Allan Sheridan (trans.). New York: Harper and Row, 1972.

Foucault, M. The Order of Things [M]. Alan Sheridan (trans.). London: Routledge, 1970.

Fuller, S. Social Epistemology [M]. Bloomington: Indian University Press, 1988.

Gaidi, K. E. Reforming Engineering Education: The CDIO Initiative [J]. Industry and Higher Education, 2003, 17 (6), 431 - 434.

Gibbons M. The New Production of Knowledge [M]. California: Beverly Hills, 1994.

Gloet, M., Terziovski, M. Exploring the Relationship Between Knowledge Management Practices and Innovation Performance [J]. Journal of Manufacturing Technology Management, 2004 (5): 402 –409.

Godin, B., Gingras, Y. Impact of Collaborative Research on Academic Science [J]. Science and Public Policy, 2000, 27 (1): 65 –73.

Guerrero, M., Urbano, D. The Development of an Entrepreneurial University [J]. The Journal of Technology Transfer, 2010 (1): 43 –74.

Gulbrandsen, M., Langfeldt, L. In Search of "Mode 2": The Nature of Knowledge Production in Norway [J]. Minerva, 2004, 42 (3): 237 –250.

Gulbrandsen, M., Mowery, D. C., Feldman, M. Introduction to the Special Section: Heterogeneity and University-Industry Relations [J]. Research Policy, 2011, 40 (1): 1 –5.

Han, W. P. Transition from the Triple Helix to N-Tuple Helices? An interview with Elias G. Carayannis and David F. J. Campbell [J]. Scientometrics, 2014, 99: 203 –207.

Hayek, F. A. Economics and Knowledge [J]. Economica, 1937 (4): 33 –54.

Hemlin, S., Rasmussen, S. B. The Shift in Academic Quality Control [J]. Science Technology and Human Values, 2006, 31 (2): 173 –198.

Hessels, L. K., Lente, H. V. Rethinking New Knowledge

Production: A Literature Review and a Research Agenda [J]. Research Policy, 2008, 37 (4): 740 - 760.

Hicks, D. M., Katz, J. S. Where Is Science Going? [J]. Science, Technology, & Human Values, 1996, 21 (4): 379 - 406.

Huff, A. S. Changes in Organizational Knowledge Production [J]. Academy of Management Review, 2000, 25 (2): 288 - 293.

Jansen, J. D. Mode 2 Knowledge and Institutional Life: Taking Gibbons on a Walk Through a South African University [J]. Higher Education, 2002, 43 (4): 507 - 521.

Kuhn, T. The Structure of Scientific Revolutions [M]. Chicago: University of Chicago Press, 1962.

Layoff, G., Mark, J. Metaphors We Live By [M]. Chicago: University of Chicago Press, 1980.

Lenhard, J., Lücking, H., Schwechheimer, H. Expert Knowledge, Mode 2 and Scientific Disciplines: Two Contrasting Views [J]. Science & Public Policy, 2006, 33 (5): 341 - 350.

Leydesdorff, L., Etzkowitz, H. The Triple Helix as a Model for Innovation Studies [J]. Science and Public Policy, 1998, 25 (3): 195 - 203

Long D. W. D., Fahey, L. Diagnosing Cultural Barriers to Knowledge Management [J]. The Academy of Management Executive, 2000, 14 (4): 113 - 127.

Merton, R. K. Science Technology and Society in Seventeenth Century England [M]. New York: Harper, 1938.

Meyer, D. C., Scott, C. S. Understanding the Value of

Industry/University Cooperative Research Center (I/UCRC) Sponsor Exit Interviews: Data Collection, Analysis, and Evaluation [R]. Boise State University, Boise, ID, 2009.

Murray, F. The Oncomouse that Roared: Hybrid Exchange Strategies as a Source of Distinction at the Boundary of Overlapping Institution [J]. American Journal of Sociology. 2010, 116 (2): 341-388.

Nelson, R. R. The Market Economy, and the Scientific Commons [J]. Research Policy, 2004, 33 (3): 455-471.

Nonaka, I. A Dynamic Theory of Organizational Knowledge Creation [J]. Organization Science, 1994, 5: 4-37.

Pestre, D. Regimes of Knowledge Production in Society: Towards a More Political and Social Reading [J]. Minerva, 2003, 41 (3): 245-261.

Polidoro, F., Theeke, M. Getting Competition Down to a Science: The Effects of Technological Competition on Firms' Scientific Publications [J]. Organization Science, 2012, 23 (4): 1135-1153.

Powers, J. B., Campbell, E. G. Technology Commercialization Effects on the Conduct of Research in Higher Education [J]. Research in Higher Education, 2011, 52 (3): 245-260.

Price, D., De Solla, J. Little Science, Big Science [M]. New York: Columbia University Press, 1963.

Prpić, K. Changes of Scientific Knowledge Production and Research Productivity in a Transitional Society [J]. Scientometrics, 2007, 72 (3): 487-511.

Quine, W. V. O. Pursuit of Truth [M]. Cambridge,

MA: Harvard University Press, 1990.

Rip, A. A Cognitive Approach to Relevance of Science [J]. Social Science Information, 1997, 36 (4): 615-640.

Shinn, T. The Triple Helix and New Production of Knowledge: Prepackaged Thinking on Science and Technology [J]. Social Studies of Science, 2002, 32 (4): 599-614.

Slaughter, S., Archerd, C. J., Campbell, T. Boundaries and Quandaries: How Professors Negotiate Market Relations [J]. Review of Higher Education, 2004, 28 (1): 129-165.

Soh, P., Subramanian, A. M. When Do Firms Benefit from University-Industry R&D Collaborations? The Implications of Firm R&D Focus on Scientific Research and Technological Recombination [J]. Journal of Business Venturing, 2014, 29 (6): 807-821.

Szücs, F. Research Subsidies, Industry-University Cooperation and Innovation [J]. Research Policy, 2018, 47 (7): 1256-1266.

Tuunainen, J. Reconsidering the Mode 2 and the Triple Helix: A Critical Comment Based on a Case Study [J]. Science Studies, 2002, 15 (2): 36-58.

Veit, D. R., Lacerda, D. P., Camargo, L. F., et al. Towards Mode 2 Knowledge Production: Analysis and Proposal of a Framework for Research in Business Processes [J]. Business Process Management Journal, 2017, 23 (2): 293-328.

Weinberg, A. M. Impact of Large-Scale Science on the United States [J]. Science, 1961, 134 (3473), 161-164.

Weingart, P. From "Finalization" to "Mode 2": Old Wine in New Bottles? [J]. Social Science Information, 1997, 36

(4): 591-613.

Wu, L., Wang, D. & Evans, J. A. Large Teams Develop and Small Teams Disrupt Science and Technology [J]. Nature, 2019, 566, 378-382.

Wu, W., Zhou, Y. The Third Mission Stalled? Universities in China's Technological Progress [J]. Journal of Technology Transfer, 2012, 37 (6): 812-827.

Wu, W. Managing and Incentivizing Research Commercialization in Chinese Universities [J]. The Journal of Technology Transfer, 2009, 35 (2): 203-224.

Ziman, J. Real Science : What It Is, and What It Means [M]. London: Cambridge University Press: 2000: 36, 44-45.

埃茨科威兹,王平聚,李平. 创业型大学与创新的三螺旋模型 [J]. 科学学研究,2009,27 (4): 481-488.

埃茨科威兹. 螺旋:大学—产业—政府三元一体的创新战略 [M]. 周春彦译. 北京:东方出版社,2005.

埃兹科维茨. 麻省理工学院和创业学科的兴起 [M]. 王孙禺,袁本涛,等,译. 北京:清华大学出版社,2008.

安超. 知识生产模式的转型与大学的发展——模式1与模式2知识生产的联合 [J]. 现代教育管理,2015 (9): 46-50.

白惠仁,许为民. 基于后学院科学背景的协同创新理论分析新框架 [J]. 科技进步与对策,2014,31 (5): 7-11.

白强. 大学知识生产模式变革与学科建设创新 [J]. 大学教育科学,2020 (3): 31-38.

鲍林. 社会资本视阈下的企业产学研合作创新 [J]. 徐

州师范大学学报(哲学社会科学版),2010,36(4):123-128.

贝克.风险社会[M].何博闻,译.南京:译林出版社,2004.

曹霞,宋琪.产学合作网络中企业关系势能与自主创新绩效——基于地理边界拓展的调节作用[J].科学学研究,2016,34(7):1065-1075.

曹勇,肖琦,刘弈,等.知识异质性与新产品开发绩效:转化式学习的中介作用与高管支持的调节效应[J].科学学与科学技术管理,2020,41(12):20-34.

曹宇.哈工大机器人集团产业运营生态圈及机器人产业发展动向[J].机器人产业,2018(4):50-54.

曾尔雷,赵国靖.高校服务区域经济发展的战略选择研究:创业型大学的视角[J].高等工程教育研究,2015(5):21-24,64.

曾刚,袁莉莉.长江三角洲技术扩散规律及其对策初探[J].人文地理,1999(1):5-9.

曾令华,尹馨宇."范式"的意义——库恩《科学革命的结构》文本研究[J].武汉理工大学学报(社会科学版),2019,32(6):72-77.

陈洪捷.知识生产模式的转变与博士质量的危机[J].高等教育研究,2010,31(1):57-63.

陈劲,杨晓惠,郑贤榕,等.知识集聚:科技服务业产学研战略联盟模式——基于网新集团的案例分析[J].高等工程教育研究,2009(4):31-36.

陈劲,周杨.后学院时代高校知识生产模式研究[J].西安电子科技大学学报(社会科学版),2012,22(3):

85-90.

陈岚. 聚焦机器人技术创新 助力产业智能升级——专访哈工大机器人集团股份有限公司执行总裁王洪波 [J]. 广东科技, 2020, 29 (8): 15-17.

陈亮, 徐林. 跨学科组织融合: 知识创造价值的理性诉求 [J]. 现代大学教育, 2022, 38 (4): 72-82, 112.

陈士俊, 柳洲. 异质性知识耦合与产学合作的内在机制 [C] //第三届科技政策与管理学术研讨会暨第二届科教发展战略论坛论文汇编. 2007: 130-140.

陈霞玲, 马陆亭. MIT 与沃里克大学: 创业型大学运行模式的化较与启示 [J]. 高等工程教育, 2012 (2)

陈宇学. 创新驱动发展战略 [M]. 北京: 新华出版社, 2014.

陈禹, 谢康. 马克卢普知识产业论及其影响 [J]. 图书情报工作, 1997 (07): 10-14, 65.

陈昭锋. 大学功用: 全方位服务社会 [J]. [EB/OL]. (2017-07-02). http://www.cssn.cn/gd/gd_rwhd/gd_gdxc_1652/201706/t20170602_3537232.shtml.

戴栗军. 知识生产视域下高校智库发展的脉络、趋势与困境 [J]. 高教探索, 2017 (12): 25-29.

德兰迪. 知识社会中的大学 [M]. 黄建如, 译. 北京: 北京大学出版社, 2010.

德鲁克. 后资本主义社会 [M]. 傅振焜, 译. 北京: 东方出版社, 2009.

董文轩. 当代创业型大学产教融合的驱动机制及关键影响因素研究 [D]. 重庆: 重庆邮电大学, 2019.

杜燕锋, 于小艳. 大学知识生产模式转型与人才培养模式变革[J]. 高教探索, 2019 (8): 21-25, 31.

杜月升. 论知识生产及其经济特征[J]. 深圳大学学报(人文社会科学版), 1999 (2): 46-51.

恩格斯. 反杜林论[M]. 中共中央马克思恩格斯列宁斯大林著作编译局, 编译. 北京: 人民教育出版社, 1970.

樊春良. 科学知识的生产模式分析[J]. 科学学研究, 1997 (3): 10-16, 111.

范晓春, 孔令艳. 企业知识门户在中小企业知识联盟中的应用研究[J]. 吉林省经济管理干部学院学报, 2008, 22 (6): 13-15.

冯叶成, 刘嘉, 张虎. 政府—高校—企业协同的产学研合作模式探索与实践——以清华大学与淮安市产学研合作为例[J]. 科技进步与对策, 2012, 29 (22): 67-70.

付八军. 创业型大学研究述评[J]. 黑龙江高教研究, 2012, 30 (7): 4-8.

傅翠晓, 钱省三, 陈劲杰, 等. 知识生产研究综述[J]. 科技进步与对策, 2009, 26 (2): 155-160.

傅茜, 聂风华. 多位一体的创新集群发展模式——德国亚琛工业大学产学研合作模式的研究与启示[J]. 中国高校科技, 2019 (3): 82-84.

富勒. 社会认识论: 科学、科技与社会[M]. 姚雅欣译. 北京: 中央编译出版社, 2021.

甘玲菲. 我国乡村文化振兴的知识生产模式研究[D]. 贵阳: 贵州财经大学, 2021.

甘清秋. 大学技术转移的前因及其对区域产业结构升级的影响研究[D]. 合肥: 中国科学技术大学, 2022.

高宏伟. 产学研合作利益分配的博弈分析——基于创新

过程的视角[J]. 技术经济与管理研究, 2011 (3): 30-34.

高明. 英美创业型大学管理模式比较及启示[D]. 沈阳: 东北大学, 2012.

高霞, 陈凯华. 基于 SIPO 专利的产学研合作模式及其合作网络结构演化研究——以 ICT 产业为例[J]. 科学学与科学技术管理, 2016, 37 (11): 34-43.

顾基发, 高飞. 从管理科学角度谈物理—事理—人理系统方法论[J]. 系统工程理论与实践, 1998 (8): 2-6.

关庆玲. 企业主导型产学合作知识流动机制研究[D]. 北京: 北京交通大学, 2015.

郭洪飞, 史进程, 庄淑铧, 等. 基于协同创新的广东省军民融合深度发展模式研究[J]. 科技管理研究, 2020, 40 (4): 268-274.

郭强. 知识社会学范式的发展历程[J]. 江海学刊, 1999 (5): 47-53.

韩儒博. 创新模式研究及其国际比较[D]. 北京: 中共中央党校, 2013.

韩益凤. 知识生产模式变迁与研究型大学改革之道[J]. 高教探索, 2014 (4): 22-26, 30.

韩震. 知识形态演进的历史逻辑[J]. 中国社会科学, 2021 (6): 168-185, 207-208.

郝丹, 郭文革. 知识生产新模式的基本特征与反思——基于库恩科学理论评价标准的考察[J]. 教育学术月刊, 2019 (3): 3-12, 64.

郝天聪. 应用导向: 高职院校科研定位及其实践逻辑研究[D]. 上海: 华东师范大学, 2020.

何传启,张凤. 知识创新 [M]. 北京:经济管理出版社,2001.

何华沙. 市场驱动型产学研合作理论与实践研究 [D]. 武汉:武汉大学,2014.

何景涛. 企业知识合作创新的动力机制 [J]. 生产力研究,2011 (11):168-170,200.

贺国庆. 近代欧洲大学起源探微 [J]. 河北大学学报 (哲学社会科学版),1999 (4):27-29.

赫尔曼·哈肯. 协同学——大自然构成的奥秘 [M]. 凌复华,译. 上海:上海译文出版社,2013.

胡志坚,周寄中,熊伟. 发现、发明、创新、学习和知识生产模式 [J]. 中国软科学,2003 (9):92-95.

黄词. "5G+北斗" 激荡巨大行业动能——南方测绘多行业探索与实践应用纪实 [J]. 中国测绘,2021 (2):24-25.

黄文武,唐青才,李雅娟. 大学知识生产的物化逻辑及其二重性——知识生产模式转型视角 [J]. 江苏高教,2018 (1):31-35.

惠鸿杰. 第三条道路:齐曼的科学哲学思想 [D]. 济南:山东大学,2013.

吉本斯,等. 知识生产的新模式 [M]. 陈洪捷,等,译. 北京:北京大学出版社,2011

姜丹. 南方测绘:实现多行业跨界融合 [J]. 中国测绘,2018 (5):44-45.

蒋平. 再论知识生产模式转型理论的三种假说 [J]. 民族高等教育研究,2018,6 (5):1-14.

蒋文昭,王新. 知识生产模式转型与高校科研支持体系

变革［J］.中国高校科技,2018（8）:14-17

蒋逸民.新的知识生产模式对大学教学和科研的影响［J］.中国高教研究,2010（2）:16-19.

蒋逸民.作为一种新的研究形式的超学科研究［J］.浙江社会科学,2009（1）:8-16,125.

克尔.大学的功用［M］.陈学飞,陈恢钦,周京,等,译.南昌:江西教育出版社,1993.

克拉克.建立创业型大学:组织上的转型［M］.王承绪,译.北京:北京人民教育出版社,2003.

库恩.科学革命的结构［M］.金吾伦,胡新和,译.北京:北京大学出版社,2003.

劳特,莱斯利.学术资本主义:政治、政策和创业型大学［M］.北京:北京大学出版社,2008.

李炳安.产学研合作的英国教学公司模式及其借鉴［J］.高等工程教育研究,2012（1）:58-63.

李惠杰,姬可心.校企协同创新中心的组织结构与功能分析［J］.河南工程学院学报（社会科学版）,2022,37（2）:50-53.

李佳敏.跨界与融合［D］.上海:华东师范大学,2014.

李建军.硅谷产学创新系统及其集群效应［J］.山东科技大学学报（社会科学版）,2003（3）:6-9.

李军,孙启新.国外孵化器发展的借鉴与启示［J］.中国高校科技与产业化,2006（12）:58-60.

李可欣.哈工大机器人集团玩转创新创业生态［J］.机器人产业,2017（5）:74-77.

李立国,张海生.以知识创新为导向的大学治理变革逻辑与秩序维度［J］.高等教育研究,2021,42（12）:12-20.

李明，高向辉，刘晓伟. 产学研协同创新联盟建设问题与对策［J］. 现代教育管理，2019（10）：47-53.

李明星，苏佳璐，胡成，等. 产学研合作创新绩效影响因素元分析研究［J］. 科技进步与对策，2020，37（6）：61-69.

李培哲，菅利荣. 网络结构、知识基础与企业创新绩效［J］. 复杂系统与复杂性科学，2022，19（2）：31-38.

李舒平. 区域政产学研合作网络及创新驱动力模式研究——以合肥地区高校为例［J］. 合肥学院学报（综合版），2017，34（1）：111-115.

李晓慧，贺德方，彭洁. 美、日、德产学研合作模式及启示［J］. 科技导报，2017，35（19）：81-84.

李晓慧. 知识社会：风险审视与控制研究［J］. 广西社会科学，2018（9）：63-66.

李晓强，张平，邹晓东. 学科会聚：知识生产的新趋势［J］. 科技进步与对策，2007（6）：112-115.

李友梅，耿敬. 中国社会学的知识生产范式——以晏阳初和费孝通的实践为例［J］. 学术月刊，2020，52（6）：5-16.

李玉栋，沈红. 从交易型到交互型：学科与产业协同的范式变革［J］. 高教探索，2018（10）：14-21.

李长萍. 基于市场导向一体化平台的产学研协同创新模式研究［D］. 北京：北京建筑大学，2017.

李正风. 科学知识生产的动力——对默顿科学奖励理论的批判性考察［J］. 哲学研究，2007（12）：90-95，125.

李正风. 科学知识生产方式及其演变［M］. 北京：清华大学出版社，2006.

李志峰,高慧,张忠家. 知识生产模式的现代转型与大学科学研究的模式创新[J]. 教育研究, 2014, 35(3): 55-63.

李梓涵昕. 产学研合作主体差异性、关系强度对知识转移的调节效应研究[D]. 广州:华南理工大学, 2016.

梁梓萱. 基于三螺旋理论的高校科技成果转化影响因素研究[D]. 北京:北京理工大学, 2016.

林健,耿乐乐. 美英两国多方协同育人中的政府作为及典型模式研究[J]. 高等工程教育研究, 2019(4): 52-65.

林杰. 知识经济与大学的知识生产[J]. 高等教育研究, 1998(6): 23-26.

林伟连. 面向持续创新的产学研合作共同体构建研究[D]. 杭州:浙江大学, 2016.

刘成柏,迟晶. 高等学校的社会服务职能及其历史演进[J]. 现代教育科学, 2007(9): 32-35.

刘凤朝,罗蕾,张淑慧. 知识属性、知识关系与研发合作企业创新绩效[J]. 科研管理, 2021, 42(11): 155-163.

刘克寅,汤临佳. 基于异质性要素匹配的企业合作创新作用机理研究[J]. 科技管理研究, 2016, 36(7): 11-18.

刘力. 产学研合作的历史考察及本质探讨[J]. 浙江大学学报(人文社会科学版), 2002(3): 110-117.

刘力. 产学研合作的沃里克模式和教学公司模式:英国的经验[J]. 外国教育研究, 2005(10): 39-43.

刘连峰. 基于目标—过程的校企合作条件及策略选择研究[D]. 大连:大连理工大学, 2015.

刘萌萌. 产学研合作网络及性能分析[D]. 济南:山东师范大学, 2017.

刘培香. 海尔哈工大联手让机器人走出实验室 [J]. 中国高校科技与产业化, 2005 (6): 22-25.

刘曙光. 知识经济与社会形态、历史时代 [J]. 北京大学学报 (哲学社会科学版), 2001 (6): 34-37.

刘文洋. 大科学时代科学家的行为模式浅析 [J]. 科学学研究, 1987 (3): 36-42.

刘小玲, 曾国屏. 当代科学研究及其组织运行模式的变化 [J]. 科学学研究, 2007 (4): 598-603.

刘小强, 黄知弦, 蒋喜锋. 知识、经济的双重转型与一流大学建设的范式转变——新加坡国立大学建设"全球知识企业"实践和启示 [J]. 清华大学教育研究, 2019, 40 (4): 64-70.

刘欣. 产学研合作助推地方大学转型发展 [J]. 教育与职业, 2012, (9): 5-8.

刘英娟. "三螺旋"理论视角下地方高校创业人才培养模式研究 [J]. 教育与职业, 2013 (33): 39-41.

刘元芳, 彭绪梅, 彭绪娟. 基于创新三螺旋理论的我国创业型大学的构建 [J]. 科技进步与对策, 2007 (11): 106-108.

刘仲林. 交叉科学时代的交叉研究 [J]. 科学学研究, 1993 (2): 11-18, 4.

柳洲. 关于"科学革命"的研究困境与重生之路 [J]. 自然辩证法研究, 2021, 37 (5): 104-109.

卢现祥. 美国高校产学研合作的制度创新、特色及其对我国的启示 [J]. 福建论坛 (人文社会科学版), 2015 (5): 60-66.

芦寿青. 基于创业型大学建设的知识资本化模式优化研

究[D]. 天津：天津大学, 2018.

罗素. 西方哲学史：上卷[M]. 何兆武, 李约瑟, 译. 北京：商务印书馆, 1963.

罗泽意. 重新认知创业型大学[J]. 清华大学教育研究, 2022, 43 (2)：94-102

罗兹, 常永才. 美国创业型研究型大学存在的问题及其对中国高等教育的启示[J]. 高等教育研究, 2011, 32 (8)：16-25.

吕翠华, 张东明, 赵文亮. 高职GIS专业"三层递进、五化合一"人才培养模式实践[J]. 职业技术教育, 2013, 34 (8)：8-11.

吕卫文. 知识生产概念的新界定[J]. 科技管理研究, 2008 (9)：221-223, 228.

吕晓赞. 文献计量学视角下跨学科研究的知识生产模式研究[D]. 杭州：浙江大学, 2020.

马克卢普. 美国的知识生产与分配[M]. 孙耀君, 译. 北京：中国人民大学出版社, 2007.

马克思. 1844年经济学哲学手稿[M]. 中共中央马克思恩格斯列宁斯大林著作编译局, 编译. 北京：人民出版社, 2018.

曼海姆. 意识形态和乌托邦：知识社会学引论[M]. 霍桂桓, 译. 北京：中国人民大学出版社, 2013.

明海英. 跨学科研究拓展广阔创新论域[N]. 中国社会科学报, 2021-10-22 (001).

默顿. 十七世纪英国的科学、技术与社会[M]. 范岱年, 译. 北京：商务印书馆, 2002.

缪成长. 默顿与齐曼的科学社会学理论体系比较研究

[J]. 黔南民族师范学院学报，2018，38（2）：117-120.

奈特. 风险、不确定性和利润［M］. 王宇，王文玉，译. 北京：中国人民大学出版社，2005.

倪伟龄，张文羽. 产学研结合释放活力［N］. 经济日报，2015-10-19（015）.

欧阳英. 关于知识社会学的政治哲学分析——从马克思、舍勒、曼海姆到福柯［J］. 天津社会科学，2014（4）：67-71.

彭林，Brent Jesiek. 历史制度主义视角下美国产学研合作教育政策变迁研究［J］. 清华大学教育研究，2021，42（6）：52-61.

齐曼. 真科学［M］. 曾国平，译. 上海：上海科技教育出版社，2002.

钱福良. 区域发展类协同创新中心培育组建的实践与思考——以苏州纳米科技协同创新中心为例［J］. 教育评论，2016（6）：80-82+145.

钱宗霞. 浅析三螺旋视域下高校创业教育的创新模式［J］. 江西师范大学学报（哲学社会科学版），2015，48（2）：38-42.

秦军. 我国产学研合作的动因、现状及制度研究［J］. 技术经济与管理研究，2011（11）：33-36.

全守杰，高鑫. 大学战略规划何以推动知识生产模式转型——杜克大学的个案研究［J］. 高校教育管理，2021，15（4）：54-63.

冉隆锋. 大学学术资本生成的实践逻辑研究［D］. 重庆：西南大学，2015.

申学武. 高校产学研联合模式中存在的问题及最优化模

式构想[J]. 科技进步与对策, 2001 (12): 110-111.

石火学. 产学研结合的典型模式述评[J]. 高等教育研究, 2000 (3): 65-68.

史建斌. 交叉性新学科孵化器问题研究[D]. 合肥: 中国科学技术大学, 2013.

斯特尔. 知识社会[M]. 殷晓蓉, 译. 上海: 上海译文出版社, 1998.

宋高旭. 创新生态系统视角下我国产学研深度融合研究[D]. 北京: 中共中央党校, 2020.

宋珮珮. 论社会互动与科学发展——读《十七世纪英国的科学技术与社会》有感[J]. 科学学研究, 2000 (2): 108-109.

苏熹. 基础研究与应用研究之争[N]. 中国社会科学报, 2022-01-19 (010).

孙杰. 基于动因匹配的产学研合作主体行为与绩效研究[D]. 广州: 华南理工大学, 2016.

孙丽娜, 董昊, 徐平. 美国创业型大学知识生产模式及其价值取向[J]. 现代教育管理, 2016 (6): 69-74.

孙天慈, 孟宇. 英国创新模式下的产学研合作落后于美国？——基于大学知识生产与转移的考察[J]. 清华大学教育研究, 2022, 43 (1): 137-148.

孙玉涛, 刘小萌. 校企研发合作与技术转移关系——技术转移中心的调节作用[J]. 科学学与科学技术管理, 2017, 38 (9): 13-22.

孙玉涛, 张一帆. 产学研合作网络演化的异质性机制——以北京为例[J]. 科研管理, 2020, 41 (9): 113-122.

唐华, 王本灵. 协同育人视域下的高校知识创新模式研究［J］．黑龙江高教研究，2019，37（12）：71-74．

唐玮．大学一企业知识联盟建设中的政府作用研究［D］．上海：上海交通大学，2007．

陶丽婷．产学研合作政策、合作伙伴多样性和企业知识转移绩效研究［D］．杭州：浙江理工大学，2018．

陶乌云．中日产学研合作模式对比分析［J］．科技视界，2018（28）：158-159．

陶迎春．小科学与大科学关系研究综述［J］．东南大学学报（哲学社会科学版），2009，11（S1）：41-43．

田建林，杨海荣，庹清，等．校企深度合作协同育人创新机制探索与实践——以"吉首大学南方测绘集团土木类校企合作人才培养示范基地"为例［J］．教育信息化论坛，2019，3（7）：29-30，35．

托夫勒．第三次浪潮［M］．朱志焱，潘琪，译．上海：生活·读书·新知三联书店，1983．

汪丁丁．记住未来［M］．北京：社会科学文献出版社，2001．

汪丁丁．知识沿时间和空间的互补性以及相关的经济学［J］．经济研究，1997（6）：70-77．

王安宇，司春林，赵武阳．知识生产组织模式演变及其对我国实施自主创新战略的启示［J］．科学学与科学技术管理，2010，31（6）：94-99．

王春梅，孟克．高校—企业协同创新的新进路——基于科学知识社会学的视角［J］．科技管理研究，2012，32（24）：14-16，20．

王聪．知识生产模式转型与美国公立大学内部治理结构变革——伯克利加州大学的案例研究［J］．高教探索，2017

(9): 55-61.

王浩友. 转型期人文社会科学知识生产模式的转换及其限制 [D]. 长春：吉林大学，2010.

王洪才. 想念洪堡——柏林大学创立200周年纪念 [J]. 复旦教育论坛，2010，8 (6): 20-22, 30.

王建华，程静. 跨学科研究：组织、制度与文化 [J]. 江苏高教，2014 (1): 1-4.

王娟茹，潘杰义. 产学研合作模式探讨 [J]. 科学管理研究，2002 (1): 25-27.

王开明，张琦. 论知识的生产与积累 [J]. 软科学，2005 (02): 4-6, 10.

王凯，胡赤弟，吴伟. 基于"学科-专业-产业链"的创新创业型大学：概念内涵与现实路径 [J]. 清华大学教育研究，2017，38 (5): 110-117.

王凯，邹晓东. 大学和产业知识生产模式的异质性与融合性研究——基于制度逻辑的视角 [J]. 自然辩证法通讯，2016，38 (1): 110-115.

王立. 学术资本主义背景下大学学术创业的发展探讨 [J]. 中国市场，2017 (4): 240-241.

王佩佩，祁文博. 学术资本与学术资本主义——兼议学术资本之争 [J]. 苏州大学学报（教育科学版），2020，8 (1): 51-57.

王瑞鑫，李玲娟. 产学研协同创新的理论框架研究 [J]. 科学管理研究，2017，35 (5): 17-21.

王树祥，张明玉，王杰群. 生产要素的知识属性与知识价值链研究 [J]. 中国软科学，2014 (4): 160-168.

王玉晗. 产学研合作中的政—产—学/研利益关系及其

协调研究 [D]. 沈阳：东北大学，2016.

魏奇锋，顾新. 基于知识流动的产学研协同创新过程研究 [J]. 科技进步与对策，2013，30（15）：133-137.

翁默斯，王孙禺. 创业型大学支撑区域创新发展的概念框架与实践路径——一个共生视角 [J]. 清华大学教育研究，2022，43（2）：103-109.

吴吉林，庹清，田建林. 面向行业的校企合作人才培养示范基地建设研究与实践——以"吉首大学-南方测绘集团"为例 [J]. 中小企业管理与科技（下旬刊），2014（10）：266-267.

吴吉林. 地方院校省级人才培养示范基地运行机制与管理体制建设研究——以吉首大学—南方测绘省级基地为例 [J]. 旅游纵览（下半月），2017（8）：285-286.

吴立保，吴政，邱章强. 知识生产模式现代转型视角下的一流学科建设研究 [J]. 江苏高教，2017（4）：15-20.

吴思静，赵顺龙. 知识重叠和保持能力对联盟运作的研究 [J]. 科技进步与对策，2011，28（5）：135-137.

吴悦，顾新. 产学研协同创新的知识协同过程研究 [J]. 中国科技论坛，2012（10）：17-23.

伍醒，顾建民. 知识转型与大学基层学术组织变革的历史考察 [J]. 中国高教研究，2015（11）：55-59.

武海峰，牛勇平. 国内外产学研合作模式的比较研究 [J]. 山东社会科学，2007（11）：108-110.

肖建华，李雅楠. 知识生产模式变革中的科研组织智力资本结构特征 [J]. 科技进步与对策，2014，31（3）：133-137.

肖瑶. 发达国家产学研合作典型案例对我国的启示与借

鉴——以德国双元制为例[J]. 中国高校科技, 2016 (10): 43-45.

谢开勇. 构建高校产学研新的运行机制[J]. 软科学, 2002 (1): 82-84.

谢仁业. 从产学研合作到科教经互动——教育、科技、经济互动理论初探[J]. 中国高教研究, 2003 (12): 15-18.

谢园园, 梅姝娥, 仲伟俊. 产学研合作行为及模式选择影响因素的实证研究[J]. 科学学与科学技术管理, 2011, 32 (3): 35-43.

辛爱芳. 我国产学研合作模式与政策设计研究[D]. 南京: 南京工业大学, 2004.

徐学军, 黄碧琳, 黄德毅. 新产品开发的知识主体分析[J]. 科技进步与对策, 2007 (5): 134-137.

许应楠. 我国产学研用、校企协同人才培养的主要模式及对职业院校的启示[J]. 教育与职业, 2017 (20): 37-41.

薛玉香, 李梁. 我国大学创新创业园区发展路径探析——基于美国的经验与启示[J]. 教育发展研究, 2017, 37 (5): 77-82.

严艳红. 基于经济租金的企业家商业模式创新行为研究[D]. 长沙: 中南大学, 2008.

杨虹. 高职院校社会服务功能的意义及实现途径[J]. 机械职业教育, 2009 (8): 3-4.

杨立岩. 知识资源和经济增长[J]. 学术月刊, 2000 (6): 50-54, 76.

杨阳, 王穗东, 郁秋亚. 政产学研用融合创新与高校创新能力提升的路径突破——基于苏州纳米科技协同创新中心的案例研究[J]. 中国高校科技, 2020 (Z1): 96-99.

姚威. 产学研合作创新的知识创造过程研究 [D]. 杭州：浙江大学，2009.

姚潇颖，卫平. 产学研合作创新效率、影响因素及时空差异 [J]. 中国科技论坛，2017 (8)：43-51.

姚宇华. 知识生产模式转型视角下大学组织模式变革研究 [D]. 武汉：武汉大学，2017.

叶峻. 社会生态经济协同发展论：可持续发展的战略创新 [M]. 合肥：安徽大学出版社，1999.

殷朝晖，雷丽. 学术资本主义对美国大学创业教育的影响及其启示 [J]. 江苏高教，2014 (4)：40-42.

尹喜悦. 全球化时代高校知识生产协同模式研究 [D]. 天津：天津大学，2014.

于海. 西方社会思想史 [M]. 上海：复旦大学出版社，2004.

于长宏. 基于企业技术能力的产学研合作创新模式选择研究 [D]. 大连理工大学，2019.

喻梦哲，蒋国政. 三维激光助力故宫古建筑群测绘——西安建筑科技大学与南方测绘的一次教研合作 [J]. 中国测绘，2019 (8)：26-27.

原长弘，赵文红，周林海. 政府支持、市场不确定性对校企知识转移效率的影响 [J]. 科研管理，2012，33 (10)：106-113.

苑超. 哈工大机器人集团发展战略研究 [D]. 哈尔滨：哈尔滨工业大学，2017.

张彩虹，李国杰. 发达国家产学研合作模式的探析与启示 [J]. 高等农业教育，2010 (2)：82-85.

张国昌，胡赤弟. 知识生产方式变迁下的产业—教学—

科研—学习连结体的组织特征 [J]. 高等教育研究, 2012, 33 (11): 27-31.

张国峰. 产学研联盟的知识转移机制及治理模式研究 [D]. 大连: 大连理工大学, 2012.

张国峰. 产学研联盟的知识转移机制及治理模式研究 [D]. 大连: 大连理工大学, 2012.

张寒, 李正风, 高璐. 超越科学共同体: 科技创新共同体的形成何以可能 [J]. 自然辩证法研究, 2022, 38 (8): 48-53.

张豪. 大学—产业合作组织协同创新研究 [D]. 哈尔滨: 哈尔滨工业大学, 2016.

张浩, 杨阳, 刘阳. 协同创新中心助力苏州大学高质量发展的路径探索 [J]. 江苏科技信息, 2020, 37 (30): 4-6.

张嘉毅, 原长弘. 产学研融合的组织模式特征——基于不同主体主导的典型案例研究 [J]. 中国科技论坛, 2022 (5): 71-80, 98.

张婕. 大学知识生产方式景观变化及其思考 [J]. 教育研究, 2013, 34 (7): 74-80.

张金磊. 论大学学科组织的历史演变与发展趋势 [J]. 黑龙江高教研究, 2014 (2): 19-21.

张凯. 知识生产模式与研究型大学空间资源优化配置 [J]. 北京师范大学学报 (社会科学版), 2015 (5): 43-49.

张雷. 我国产学研共生网络治理研究 [D]. 合肥: 中国科学技术大学, 2015.

张力. 产学研协同创新的战略意义和政策走向 [J]. 教育研究, 2011, 32 (7): 18-21.

张丽娜. 行业特色型高校协同创新的机制研究 [D]. 徐

州：中国矿业大学，2013.

张琳，孙蓓蓓，黄颖. 交叉科学研究：内涵、测度与影响［J］. 科研管理，2020，41（7）：279-288.

张琦. 产业技术创新战略联盟的问题与对策探究［J］. 齐鲁师范学院学报，2014，29（4）：135-139.

张乾友. 个人知识、专业知识与社会知识——知识生产的历史叙事［J］. 自然辩证法通讯，2017，39（1）：100-109.

张庆君. 高校复合型人才培养变革：逻辑、实践与反思［J］. 现代教育管理，2020（4）：47-53.

张庆玲. 后现代知识逻辑下跨学科研究的困境与转型［J］. 高等理科教育，2017（1）：1-6，19.

张庆玲. 知识生产模式Ⅱ中的跨学科研究转型［J］. 高教探索，2017（2）：31-36.

张炜. 从单一职能大学到现代研究型大学的演进——克拉克·克尔关于"Multiversity"的语义与特征探析［J］. 中国高教研究，2021（5）：29-35.

张文霞，赵延东. 用科技风险管理与科技伦理制度规范科技发展［N］. 科技日报，2011-08-16.

张秀萍，迟景明，胡晓丽. 基于三螺旋理论的创业型大学管理模式创新［J］. 大学教育科学，2010（5）：43-47.

张学文. 基于知识的产学合作创新：边界与路径研究［D］. 杭州：浙江大学，2010.

张学文. 开放科学视角下的产学研协同创新——制度逻辑、契约治理与社会福利［J］. 科学学研究，2013，31（4）：617-622.

张燕航，周国林，刘磊. 企业技术能力提升和产学研合作创新政策协同研究发展与展望[J].创新科技,2020,20(10):59-65.

赵善庆.发达国家产学研合作的成功经验及对我国的启示[J].教育与职业,2014(7):165-167.

赵万里,李军纪.知识生产和科学的自组织——科劳恩的科学建构模式研究[J].自然辩证法通讯,1999(1):40-48.

赵鑫.科学知识生产模式的转变及其意义研究[D].哈尔滨:哈尔滨师范大学,2010.

郑洁.异质性要素匹配视角下流通企业合作创新作用机理研究[J].商业经济研究,2021(1):27-30.

郑军,赵娜.中日产学研协同创新模式的比较分析及启示[J].大理大学学报,2019,4(1):111-117.

郑文范,刘明伟.论产学研协同创新与科技生产关系打造[J].科技进步与对策,2017,34(24):13-17.

智学,田宝军,徐爱新.高等教育从社会边缘向社会中心转移——论"高等教育走向社会中心"的内涵与特征[J].河北学刊,2008(5):189-192.

钟惠波.知识的经济学分析:一个文献综述——基于古典与新古典范式的视点[J].中国软科学,2006(12):146-152.

周超.创新驱动发展战略下产业技术创新联盟模式探析——以佛山市为例[J].岭南学刊,2019(5):41-48.

周军杰,李新功,李超.不同合作创新模式与隐性知识转移的关系研究[J].科学学研究,2009,27(12):1914-1919.

周宁,韩传宪,韩小汀,等.基于知识转移的企业产学研合作模式及企业创新能力演化研究——以航天东方红卫星有限公司为例［J］.管理案例研究与评论，2016，9（6）：516-530.

周伟.产学研合作教育探析与研究［D］.天津工业大学，2002.

朱冰莹，董维春.学术抑或市场：大学知识生产模式变革的逻辑与路向［J］.科技管理研究，2017，37（17）：131-138.

朱雯.地方高校与区域发展的深度融合——苏州纳米科技协同创新中心案例研究［J］.淮海工学院学报（人文社会科学版），2013，11（20）：25-28.

朱云欢，张明喜.我国财政补贴对企业研发影响的经验分析［J］.经济经纬，2010（5）：77-81.

卓泽林，向敏.学术资本主义视域下的大学创新创业转型［J］.高教探索，2020（3）：66-73.